Kiyomi Okubo
Kazuko Okubo

Übungsbuch Deutsch

ドイツ語練習帳

JN254777

SEIBUNSHA

Das Alphabet　アルファベート

A	a	aː		Q	q	kuː	
B	b	beː		R	r	ɛr	
C	c	t͡seː		S	s	ɛs	
D	d	deː		T	t	teː	
E	e	eː		U	u	uː	
F	f	ɛf		V	v	faʊ	
G	g	geː		W	w	veː	
H	h	haː		X	x	ɪks	
I	i	iː		Y	y	ýpsilɔn	
J	i	jɔt		Z	z	t͡sɛt	
K	k	kaː					
L	l	ɛl		Ä	ä	ɛː	a-Umlaut
M	m	ɛm		Ö	ö	øː	o-Umlaut
N	n	ɛn		Ü	ü	yː	u-Umlaut
O	o	oː					
P	p	peː			ß	ɛs-t͡sɛ́t	

発音してみましょう

1. A E I O U
2. Name
3. Tee
4. Idee
5. Uni
6. Zoo
7. Japan
8. B M W
9. V W (Volkswagen)
10. Mercedes
11. USA
12. Bio

はじめに

　日本における第2外国語としてのドイツ語教授法については長い間、日本独文学会ドイツ語教育部会やゲーテ・インスティトゥート等を中心に研究・実践が行われてきました。著者も30年に及ぶドイツ語教員生活の中でさまざまな教授法を研究し、実践してきました。その結果行き着いたのが、古典的な「文法・訳読教授法」でした。

　日本の大学や高専でドイツ語を学ぶ学生の大部分には「ドイツ語でのコミュニケーション能力」は、さしあたり要求されていません。したがって、大部分の学生が生涯一度も実際には使わないような「ドイツで生活する際に出会うさまざまなシーンでの会話」練習に少ない授業時間の多くを使うくらいならば、初級文法を体系的に学習する方が、将来ドイツ語が必要になった人には有益ですし、また大学生や高専生といった「大人」の勉強法にも適うものと確信しています。

　以上のような理由から今回、文法を中心とした初級ドイツ語教科書を作成しました。しかしもちろん、練習に使う例文には、日常使用される「生きたドイツ語」を採用していますし、また、ドイツ語技能検定試験（独検）対策用に、試験によく出る会話表現も多く採り入れました。

　文法と並んでドイツ語授業で著者が重視しているのは、Landeskunde（ランデスクンデ・ドイツ事情）です。ドイツ語の学習を通じてドイツの社会・文化・歴史等を知り、翻って日本のそれと比較してみる「異文化間コミュニケーション」の経験は、今後さらに困難度を増す世界に巣立って行く学生たちの人格形成に必ずや寄与するものと信じています。本書においては、紙数は少ないですが、Landeskunde のコーナーで、著者が撮ってきた写真を使って、ドイツ事情の一端を紹介しています。これらの写真をきっかけにして、翻って日本のことを考えてみてください。

　最後になりますが、ドイツ語の学習を通じて皆さんに、新しい世界を発見する喜びを感じて頂ければ幸いです。

　2016年春

　　　　　　　　　　　　　　　　　　　　　　　　　　　　　　　著　者

Inhalt

Das Alphabet

はじめに

第3部

　動詞の現在人称変化（ich du Sie の練習）
［会話：自己紹介］

動詞の不定形（不定詞）wohnen 　[語幹 wohn ＋語尾 en]

　主語の人称・数により語尾 en が変わる

	単数		複数	
1人称	私 ich	wohne	私たち	wir wohnen
2人称	きみ du	wohnst	きみたち	ihr wohnt
3人称	彼 er			
	彼女 sie	wohnt	彼ら／それら	sie wohnen
	それ es			

　　　　（敬称2人称　あなた／あなたがた　Sie wohnen）

aus	…から
in	…に
jetzt	今は
gern	好んで
Technik	工学
Tennis	テニス
Popmusik	ポップミュージック

☆1人称単数の主語「私は＝ich」　動詞の語尾は e

Ich heiße Kai Yamaguchi.

Ich komme aus Japan.

Ich wohne jetzt in Tokio.

Ich studiere Technik.

Ich höre gern Popmusik.

Ich spiele gern Tennis.

heißen	…という名だ
kommen	来る、出身だ
wohnen	住む
studieren	専攻する
spielen	（スポーツ・楽器を）する
hören	聞く

Übung1 　（　　　）の動詞の不定形の語尾を正しい形にして下線部に書き入れましょう

Ich ＿＿＿＿＿ Max Fischer. （heißen）

Ich ＿＿＿＿＿ aus Deutschland. （kommen）

Ich ＿＿＿＿＿ jetzt in Berlin. （wohnen）

Ich ＿＿＿＿＿ Jura. （studieren）

Ich ＿＿＿＿＿ gern Fußball. （spielen）

Ich ＿＿＿＿＿ oft Rock. （hören）

Deutschland	ドイツ
Jura	法学
oft	しばしば
Fußball	サッカー

Übung2 　囲みの人物になったつもりで空欄をうめましょう

Ich heiß＿ ＿＿＿＿＿＿＿ .

Ich komme ＿＿＿ ＿＿＿＿＿ .

Ich wohne ＿＿＿ ＿＿＿＿＿ .

Ich studier＿ ＿＿＿＿＿ .

Ich spiel＿ gern ＿＿＿＿＿ .

Ich hör＿ gern ＿＿＿＿＿ .

Alex	
England	イギリス
Köln	
Physik	物理学
Gitarre	ギター
Beatles	

Marie	
Frankreich	フランス
Wien	
Musik	音楽
Geige	バイオリン
Mozart	

母音の発音1	a [　]	e [　]	i [　]	o [　]	u [　]
短母音	Ball	England	Finger	kochen	Bus
長母音	Name	Leben	Bibel	Brot	Hut

Übung3　ドイツ語に訳しましょう

1．私はドイツ出身です。　　　　　　　　 _____
2．私は今、ヴィーンに住んでいます。　　 _____
3．私は社会学を専攻しています。　　　　 _____
4．私はクラシック音楽を聴くのが好きです。_____
5．私はよく野球をします。　　　　　　　 _____
6．私はヴァイオリンをひくのが好きです。 _____
7．私は柔道をするのが好きです。　　　　 _____
8．私はよく水泳をします。　　　　　　　 _____
9．私は読書が好きです。　　　　　　　　 _____
10．私はよく旅行に行きます。　　　　　　 _____

Übung4　適切な動詞や語句を使って自己紹介の文章を書き、友だちに言ってみましょう

名前	Ich _____ _____.
出身都市	Ich _____ aus _____.
住んでいるところ	Ich _____ in _____.
専攻	Ich _____ _____.
好きなスポーツや楽器	Ich _____ gern _____.
好きな音楽	Ich _____ gern _____.
その他、好きなこと	Ich _____.

Wortliste（単語集）　**Hauptfach 専攻**

Technik 工学　Elektrotechnik 電気工学　Elektronik 電子工学　Kontrolltechnik 制御工学
Systemtechnik システム工学　Maschinenbau 機械工学　Informatik 情報学　Biologie 生物学
Chemie 化学　Biochemie 生物化学　Physik 物理学　Psychologie 心理学　Astronomie 天文学
Medizin 医学　BWL 経営学　Wirtschaftswissenschaften 経済学　Soziologie 社会学　Geschichte 史学
Jura 法学　Literatur 文学　Germanistik ドイツ語学・文学　Anglistik 英文学　Japanologie 日本学

Hobby 趣味

音楽（Musik）　Popmusik ポップス　Jazz ジャズ　Rock ロック　klassische Musik クラシック音楽
楽器（動詞 spielen）　Klavier ピアノ　Geige ヴァイオリン　Gitarre ギター　Orgel オルガン
　　（動詞 blasen, spielen）Flöte フルート　Klarinette クラリネット　Blockflöte リコーダー
　　　　Trompete トランペット　Posaune トロンボーン　Waldhorn ホルン　Tuba チューバ
　　（動詞 schlagen）　Trommel ドラム　Pauke ティンパニー
球技（動詞 spielen）　Tennis テニス　Fußball サッカー　Baseball 野球　Rugby ラグビー
　　Volleyball バレーボール　Federball バドミントン　Handball ハンドボール
　　Basketball バスケットボール　Tischtennis 卓球　Squash スカッシュ
　　Schach チェス　Go 囲碁　Shogi 将棋　　　（動詞 bauen）Roboter ロボットを作る
格闘技など（動詞 machen）　Judo 柔道　Kendo 剣道　Karate 空手　Kyudo 弓道　Aikido 合気道
　　　　Leichtathletik 陸上競技　Turnen 器械体操　Triathlon トライアスロン
その他　schwimmen 水泳する　joggen ジョギングする　tanzen 踊る　singen 歌う　lesen 読書する
　　　　reisen 旅行する　zeichnen 絵を描く　malen 絵を画く　kochen 料理をする
　　　　fotografieren 写真を撮る　Filme sehen 映画を観る

2 人称の使い分け　親称 du：家族、友だち、恋人など気を使わない相手、学生同士など

敬称 Sie：大人同士、初対面の相手など

☆ du の 動詞の語尾は st　Sie の動詞の語尾は en

Du wohnst in Tokio. きみは東京に住んでいる

Sie wohnen in Yokohama. あなたは横浜に住んでいる

→ 語幹が s や ß で終わるとき
s を省く
heißen ⇒ du heißt

Übung5 （　　　　）の動詞の不定形の語尾を正しい形にして下線部に書き入れましょう

du のとき

Du _____ Ayane Suzuki.
Du _____ aus Japan.
Du _____ jetzt in München.
Du _____ Musik.
Du _____ gern Klavier.
Du _____ gern Jazz.

（heißen）
（kommen）
（wohnen）
（studieren）
（spielen）
（hören）

Sie のとき

Sie _____ Max Schmidt.
Sie _____ aus Österreich.
Sie _____ jetzt in Köln.
Sie _____ BWL.
Sie _____ gern Tischtennis.
Sie _____ klassische Musik.

☆決定疑問文（ja　nein で答える疑問文）の語順

動詞＋主語 …？

Wohnen Sie in Berlin? ｛ Ja, ich wohne in Berlin.
Wohnst du in München? ｛ Nein, ich wohne nicht in Berlin.

nicht は否定する単語や語句の直前に置く
Ich komme nicht jetzt.
Ich höre nicht Musik.

Übung6　空欄に適切な単語を書き入れましょう

1．Heißt du Taro? — _____, ich heiße Taro.

2．_____ Sie Tanaka? — _____, ich heiße nicht Tanaka. Ich heiße Nakata.

3．Wohnen Sie in Tokio? — Nein, ich wohne jetzt _____ in Tokio.

4．_____ du aus Japan? — Ja, ich komme aus Japan.

5．Studierst du Biologie? — Nein, ich studiere _____ Biologie. Ich studiere Chemie.

6．_____ Sie gern Klavier? — Ja, ich spiele gern Klavier. Ich spiele auch Geige.

7．_____ du oft Tennis? — Nein, ich spiele _____ oft Tennis.

8．Singen Sie gern Karaoke? — Ja, ich _____ gern Karaoke.

9．Machst du gern Sport? — _____, ich _____ gern Sport.

10．Hörst du oft Musik? — _____, ich _____ heute Mozart.

heute　今日は

Übung7　日本語の質問文をドイツ語に訳し、友だちと質問し合いましょう

1．きみの名前は青木なの？　_____

2．きみは静岡の出身なの？　_____

3．きみは沼津に住んでいるの？　_____

4．きみは音楽を聴くのが好きなの？　_____

5．きみはテニスをするの？　_____

6．きみの専攻はバイオ工学なの？　_____

母音の発音2　ei は ［　　］　　heißen　Frankreich　nein　Geige
二重母音　　　ie は ［　　］　　spielen　wie　Bier　Klavier
　　　　　　　au は ［　　］　　aus　Augsburg　Baumkuchen
　　　　　　　eu は ［　　］　　Deutschland　Europa　heute

☆疑問詞を使った疑問文の語順

疑問詞＋動詞＋主語 …？

Wie heißen Sie? ── Ich heiße Ichiro Nomura.

Was spielst du gern? ── Ich spiele gern Baseball.

Übung8 表の疑問詞を用いて Sie の疑問文を作り、先生に質問し、答えを聴きとりましょう

wie	どのような
wo	どこで
woher	どこから
was	何が 何を

_____ heißen Sie?

_____ wohnen Sie?

_____ kommen Sie?

_____ spielen Sie gern?

_____ hören Sie gern?

_____ machen Sie gern?

名前 _____
住まい _____
出身 _____
スポーツ・楽器 _____
音楽 _____

名前 _____
住まい _____
出身 _____
スポーツ・楽器 _____
音楽 _____

Übung9 du の疑問文を作り、クラスメイトに質問し、答えを聴きとりましょう
自分も質問に答えましょう （Übung4参照）

_____ heiß__ du?

_____ wohn__ du?

_____ komm__ du?

_____ studier__ du?

_____ spiel__ du gern?

_____ hör__ du gern?

名前 _____
住まい _____
出身 _____
専攻 _____
スポーツ・楽器 _____
音楽 _____

名前 _____
住まい _____
出身 _____
専攻 _____
スポーツ・楽器 _____
音楽 _____

定動詞第 2 位の原則

・平叙文のとき定動詞（主語に応じて語尾変化した動詞）は文頭から 2 番目の位置に置く

　Ich wohne jetzt in Berlin.

・強調したい単語や語句があればそれを先頭に置き、2 番目に定動詞を置く

　Jetzt wohne ich in Berlin.

　※ただし並列の接続詞 und（そして）などは語順に影響をおよぼさない

　　Und ich wohne jetzt in Hamburg.

並列の接続詞
und　そして
aber　しかし
oder　あるいは

Übung10 指示に従って文を書き換えましょう

1．Was spielst du gern? ── Ich spiele gern **Klavier und Geige**. 太字の語句を先頭に置く

　_____

2．Ich mache gern Sport. Ich spiele jetzt Squash. 2つの文を und でつなぐ

　_____

3．Ich höre nicht gern klassische Musik. Du hörst gern Bach. 2つの文を aber でつなぐ

　_____

4．Was machst du heute? ── Ich lese Comics. Ich koche. 答えの文を oder でつなぐ

　_____

Text1　年齢・職業・性格

Ich bin 19 Jahre alt.

Ich bin Student（Studentin）.

Ich bin offen.

sein の人称変化（英語の be 動詞）

　ich bin　〜

　du bist　〜

　Sie sind　〜

Jahr（e）　年	
alt　　古い、年齢が〜の	
von　　〜の、〜において	
Beruf　　職業　身分	
Student　学生（男性）	
Studentin　学生（女性）	
Lehrer　教師（男性）	
Lehrerin　教師（女性）	
offen　　オープンな	
positiv　　前向きな	
lustig　　陽気な	
optimistisch　楽観的な	
nett　　親切な	
auch　　〜もまた	
sehr　　とても	

Text2　Sie と ich の会話

Wie alt sind Sie?

Was sind Sie von Beruf?

Sind Sie positiv?

Ich bin 23 Jahre alt.

Ich bin Lehrerin.

Ja, ich bin auch lustig.

Text3　du と ich の会話

Wie alt bist du?

Was bist du von Beruf?

Bist du offen?

Ich bin 18 Jahre alt.

Ich bin Student.

Nein, ich bin nicht offen.

Ich bin optimistisch

　und sehr nett.

数詞（基数）

0	null	10	zehn	20	zwanzig	30	dreißig
1	eins	11	elf	21	einundzwanzig	40	vierzig
2	zwei	12	zwölf	22	zweiundzwanzig	50	fünfzig
3	drei	13	dreizehn	23	dreiundzwanzig	60	sechzig
4	vier	14	vierzehn	24	vierundzwanzig	70	siebzig
5	fünf	15	fünfzehn	25	fünfundzwanzig	80	achtzig
6	sechs	16	sechzehn	26	sechsundzwanzig	90	neunzig
7	sieben	17	siebzehn	27	siebenundzwanzig	100	hundert
8	acht	18	achtzehn	28	achtundzwanzig	1000	tausend
9	neun	19	neunzehn	29	neunundzwanzig	1000000	eine Million

子音の発音

ch は母音 a o u au の後 ［　］　　　　Bach　kochen　Baumkuchen　auch

ch はそれ以外（e i ä ö ü 子音など）の後 ［　］　ich　Technik　Märchen　München

語末の ig は ［　］（ich の ch と同じ）　zwanzig　dreißig　Leipzig

chs は ［　］　　　　　　　　　　sechs　Fuchs

ch 直前の母音の長短は不規則

長音　Buch Kuchen

　　　hoch Tuch nach

短音　Bach Nacht Dach kochen

母音の前の s は ［　］　　　Sie　sechs　sieben　Musik

語末・音節末の s は ［　］　Tennis　aus　eins　gestern

ss や ß は ［　］　　　　　klassisch　heißen

語頭の sp st の s は ［　］　spielen　Sport　Student

sch は ［　］　　　　　　Schweiz　Schubert　Tischtennis　Schnee

Übung1　自分の年齢、職業・身分、性格を書きましょう

Ich ＿＿＿＿＿ ＿＿＿＿＿＿＿＿＿＿＿＿＿＿ Jahre alt.（年齢）

Ich ＿＿＿＿＿ ＿＿＿＿＿＿＿＿＿＿＿＿＿＿＿＿＿＿．（身分）

Ich ＿＿＿＿＿ ＿＿＿＿＿＿＿＿＿＿＿＿＿＿＿＿＿＿．（性格）

Übung2　下の人物になったつもりで 年齢・職業を書いてみましょう

| Peter |
| Ingenieur |
| 23歳 |
| freundlich |

| Marie |
| Studentin |
| 19歳 |
| ernst |

| Heinrich |
| Schüler |
| 15歳 |
| offen, nett |

| Schule 学校 |
| Schüler 生徒（男子） |
| Schülerin 生徒（女子） |

Ich ＿＿＿ ＿＿＿ Jahre alt.　　Ich ＿＿＿ ＿＿＿ Jahre alt.　　Ich ＿＿＿ ＿＿＿ Jahre alt.

Ich bin ＿＿＿＿＿＿＿．　　　Ich bin ＿＿＿＿＿＿＿．　　　Ich bin ＿＿＿＿＿＿＿．

Ich bin ＿＿＿＿＿＿＿．　　　Ich bin ＿＿＿＿＿＿＿．　　　Ich bin ＿＿＿＿＿＿＿．

Übung3　質問文の＿＿に sein 動詞を書き入れ、クラスメートに質問して答えをメモしましょう

Wie alt ＿＿＿＿ du?

Was ＿＿＿＿ du von Beruf?

＿＿＿＿ du nett?

| 年齢 ＿＿＿＿＿＿ |
| 身分 ＿＿＿＿＿＿ |
| 性格 ＿＿＿＿＿＿ |

| 年齢 ＿＿＿＿＿＿ |
| 身分 ＿＿＿＿＿＿ |
| 性格 ＿＿＿＿＿＿ |

Beruf 職業・身分　　Student（in）学生　Schüler（in）生徒　Lehrer（in）教師　Arzt（Ärztin）医者

Ingenieur（in）エンジニア　Verkäufer（in）店員　Professor（in）教授　Kellner（in）ウェイター

Angestellter（Angestellte）会社員　Beamter（Beamtin）公務員　Polizist（in）警官　Friseur（in）理髪師

Mechaniker（in）機械工　Krankenpfleger（in）看護師　Rechtsanwalt（Rechtsanwältin）弁護士

Bankangestellter（Bankangestellte）銀行員　Händler（in）商人　Kaufmann（Kauffrau）商人、ビジネスマン

Kindergärtner（in）幼稚園の先生　Bäcker（in）パン屋（販売者）　Metzger 肉屋（販売者）

Hausfrau（mann）主婦（主夫）　Teilzeitarbeiter（in）パートタイマー　Rentner（in）年金生活者

Charakter 性格　　nett 親切な・感じの良い　freundlich フレンドリーな　ernst まじめな　lustig 陽気な

sportlich スポーツをよくする　glücklich 幸せな　optimistisch 楽観的な　unfreundlich 不親切な

neugierig 好奇心が強い　emotional 情緒的　sachlich 冷静・客観的な　pessimistisch 悲観的な

offen オープン・こだわりがない　verschlossen 無口な

アクセントのある母音の発音（短音・長音）

長音になるのは、直後の＿＿＿＿＿が＿＿＿＿＿のとき　Japan　Name　Feder　hören　Schüler

短音になるのは、直後の＿＿＿＿＿が＿＿＿＿＿のとき　Ball　alt　kommen　oft　Nummer

母音の後の h は発音せず、直前の母音を長音化 wohnen　Jahr　sehr（複合語 woher=wo+her）

ß の直前の母音は長音か二重母音 Straße　Fußball　heißen（短音のときは ss　essen　）

単語のアクセント

通常は第＿＿＿音節　lernen　Japan　Arbeit　Dänemark　Liechtenstein　Hamburger

外来語は＿＿＿＿＿＿　studieren　Student　Klavier　Musik　Europa　Ingenieur　japanisch

複合語は（最初　最後）の単語　Fußball　Wirtschaftswissenschaften　Deutschland　Handtuch

9

Lektion 3　動詞の現在人称変化（全人称の練習）

動詞の不定形（不定詞）**wohnen**
（語幹 wohn ＋語尾 en）

	単数		複数	
1人称	私 ich	wohne	私たち	wir wohnen
2人称	きみ du	wohnst	きみたち	ihr wohnt
3人称	彼 er			

彼 er
彼女 sie ⎫ wohnt　彼ら / それら sie wohnen
それ es ⎭　　　　あなた / あなたがた Sie wohnen

sein（英語の be 動詞）
ich bin　　wir sind
du bist　　ihr seid
er
sie ⎫ ist　sie sind
es
　　　　　（Sie sind）

Übung1　動詞 lernen を主語に合わせて人称変化させましょう

1．Ich lern ___ jetzt Deutsch.
2．Er lern ___ fleißig Japanisch.
3．Was lern___ du jetzt? —— Englisch oder Deutsch?
4．Was lern___ Sie heute? —— Wir lern___ zusammen Chinesisch.
5．Lern___ Klaudia heute schwimmen? —— Nein, sie lern___ tanzen.
6．Lern___ ihr kochen? —— Ja, wir lernen kochen.

> fleißig　一生懸命に
> zusammen　いっしょに
> Mathematik　数学
> kochen　料理をする
> Hausaufgaben　pl. 宿題

Übung2　（　　　）内の動詞を適切な形にしましょう

1．Peter _____ aus Deutschland.　（kommen）
2．Angela _____ jetzt in Yokohama.　（wohnen）
3．Wir _____ oft Rock.　（hören）
4．Sie _____ Japanisch.　（lernen）
5．Er _____ Japanologie.　（studieren）
6．Ihr _____ gern Golf.　（spielen）

> Deutsch　ドイツ語　　　Japanisch　日本語
> Englisch　英語　　　　Japaner（in）　日本人
> Französisch　フランス語　　Deutscher　ドイツ人（男）
> Italienisch　イタリア語　　Deutsche　ドイツ人（女）
> Chinesisch　中国語　　　Koreanisch　韓国語

Übung3　（　　　）の指示に従い、問いに答えましょう

1．Lernst du gern Mathematik?　（nein/ Chemie）_____
2．Was spielt ihr gern?　（Tennis）　　_____
3．Kommt Hans aus England?　（ja）　_____
4．Studieren Sie Medizin?　（nein/ Technik）_____
5．Wohnen Fritz und Sabine in Hamburg?　（ja）_____
6．Was macht ihr jetzt? （Hausaufgaben ）_____
7．Wo ist Peter? (gerade kommen)_____

> ドイツ語では現在進行形、未来形は現在形で表現する（英語のような現在進行形はない）
> Was machst du jetzt? — Ich lese gerade（jetzt）.
> Was machst du morgen? — Ich bleibe zu Hause.
> ☆「～しているところ」は、副詞「jetzt 今は、gerade ちょうど」で表現する

> bleiben 居続ける、滞在する
> zu Hause 家に

Übung4　sein を適切な形にして入れましょう

1．Herr Schneider _____ Lehrer.
2．Wir _____ Japaner.
3．Frau Kohl _____ sehr nett.
4．Ihr _____ freundlich.
5．Er _____ 26 Jahre alt.

> Herr　～さん（男性）、Mr.
> Frau　～さん（女性）、Mrs.

	arbeiten	finden	reisen	sitzen	tun	angeln
	仕事をする	見つける	旅行する	座っている	する	釣りをする
ich	arbeite	finde	reise	sitze	tue	angle
du	arbeitest	findest	reist	sitzt	tust	angelst
er/sie/es	arbeitet	findet	reist	sitzt	tut	angelt
wir	arbeiten	finden	reisen	sitzen	tun	angeln
ihr	arbeitet	findet	reist	sitzt	tut	angelt
sie（Sie）	arbeiten	finden	reisen	sizten	tun	angeln

Übung5 （　　　）内の動詞を主語に応じて適切な形にしましょう

１．Herr Schmidt _____ in München. （arbeiten）

２．_____ ihr immer fleißig? （arbeiten）

３．_____ ihr heute? —— Wir _____. （öffnen）

４．Michael _____ hier schon lange. （warten）

５．_____ du gern? （reisen）

６．Du _____ immer. （sitzen） _____ du nicht gern Sport? （machen）

７．Er _____ gern, und ich _____ es auch gern. （arbeiten, tun）

８．Günter Grass _____ in Kochi. （angeln）

immer	いつも
öffnen	開ける、開店する
warten	待つ
schon	もう、すでに
lange	長く、長い
hier	ここに、ここで
wandern	（野山を）歩き廻る
es	それ（そのこと）を

Übung6 囲み内の人物を er または sie を主語にして紹介してください

__Er heißt Thomas.__
_____
_____
_____
_____
_____
_____

名前	Thomas
出身	Deutschland
住まい	Osaka
職業	Ingenieur
仕事場	Kobe
趣味	reisen
	angeln
	Tischtennis

__Sie_____
_____
_____
_____
_____
_____

名前	Anne
出身	Bremen
住まい	Hamburg
身分	Studentin
専攻	Soziologie
趣味	Gitarre
	Blockflöte
	tanzen

Übung7 架空の人物になったつもりでプロフィールを作成しましょう
それをもとにクラスメートと質問し合い、クラスメートのことを紹介しましょう

名前_____
出身_____
住まい_____
職業_____
_____
_____

Wie heißt du?
Woher kommst du?
Wo wohnst du?
Was bist du von Beruf?
Wo arbeitest du?
Was studierst du?
Was ist dein Hobby?

Er/Sie heißt _____
_____
_____
_____
_____
_____

国名　Deutschland ドイツ　Japan 日本　Österreich オーストリア　Frankreich フランス
England イギリス　Italien イタリア　Spanien スペイン　Schweiz スイス　Dänemark デンマーク
Polen ポーランド　Russland ロシア　China 中国　Korea 韓国　※巻末 Anhang 参照（S.89）

不規則変化動詞1 （e ⇒ i　e ⇒ ie）

不規則変化動詞1　du と er/sie/es のとき語幹 e が i または ie となる動詞

	sprechen	話す			sehen	見る	
ich	spreche	wir	sprechen	ich	sehe	wir	sehen
du	sprichst	ihr	sprecht	du	siehst	ihr	seht
er/sie/es	spricht	sie	sprechen	er/sie/es	sieht	sie	sehen

Übung1　下の表の空欄を埋めましょう

	helfen	essen	werfen	geben	treffen	lesen
	助ける	食べる	投げる	与える	会う	読む
ich	helfe					lese
du						
er/sie/es			wirft			
wir	helfen	essen		geben	treffen	
ihr				gebt		
sie（Sie）		essen	werfen			lesen

Übung2　sprechen を適切な形で空欄に入れましょう

1 . _____ Sie Deutsch?

　　　　—— Ja, ich _____ Deutsch.

2 . Hans _____ Französisch gut.

3 . _____ du auch Fremdsprache? —— Ja, ich spreche ein bisschen Koreanisch.

4 . Wir _____ Japanisch und ihr _____ Chinesisch.

5 . Was _____ Anne? —— Sie _____ Italienisch.

6 . Herr und Frau Tanaka _____ Englisch. Sie _____ auch Spanisch.

ein bisschen 少し

Übung3　（　　　）内の動詞を適切な形にしましょう

1 . Was _____ du in Ueno-Zoo?　(sehen)

　　　　—— Pandas!　Es _____ Pandas dort!　(geben)

2 . Heute _____ ich Filme.　(sehen)

3 . Es _____ nichts.　(helfen)

4 . Was _____ es heute zu Mittag?　(geben)

　　　　—— Es _____ Spaghetti.　(geben)

5 . Er _____ Anne unterwegs.　(treffen)

6 . Was _____ Klaudia jetzt?　(lesen)

　　　　—— Sie _____ immer Comics.　(lesen)

7 . _____ du Dosen?　Du bist schlimm!　(werfen)

8 . Peter, was _____ du gern?　—— Ich _____ gern Sushi.　(essen)

Portugiesisch ポルトガル語	Laotisch ラオス語
Spanisch スペイン語	Malaysisch マレーシア語
Russisch ロシア語	Mongolisch モンゴル語
Türkisch トルコ語	Singhalesisch シンハラ語
Birmanisch ビルマ語	Tamil タミール語
Filipino フィリピン語	Thai タイ語
Indonesisch インドネシア語	Vietnamesisch ベトナム語
Hindi ヒンディー語	Fremdsprache 外国語
Khmer クメール語	

Zoo　動物園
es gibt 〜　〜がある　　　dort　そこに
Filme　映画
nichts　英語の nothing
zu Mittag　お昼に
Spaghetti　スパゲティ
unterwegs　途上で
Comics　漫画
Dosen (pl.)　缶　　schlimm　悪い

<table>
<tr><td>nehmen　取る、摂取する</td></tr>
</table>

nehmen　取る、摂取する	
ich nehme	wir nehmen
du nimmst	ihr nehmt
er/sie/es nimmt	sie nehmen

werden　なる	
ich werde	wir werden
du wirst	ihr werdet
er/sie/es wird	sie werden

Übung4　nehmen の人称変化を練習しましょう

1．Was ＿＿＿＿＿＿＿ Sie?
2．Ich ＿＿＿＿＿＿＿ eine Tasse Kaffee.
3．Was ＿＿＿＿＿＿＿ du?
　　　　　—— Ein Glas Mineralwasser, bitte!
4．Brigitte ＿＿＿＿＿＿＿ immer Tabletten.

> eine Tasse 〜　カップ 1 杯の
> ein Glas 〜　グラス 1 杯の
> Mineralwasser　ミネラルウォーター
> Tabletten（pl.）　錠剤

Übung5　werden の人称変化を練習しましょう

1．Was ＿＿＿＿＿＿＿ du später?
2．Ich ＿＿＿＿＿＿＿ Fußballspieler!
3．Wir joggen oft. —— Dann ＿＿＿＿＿＿＿ ihr gesund.
4．Was ＿＿＿＿＿＿＿ Marie später?
5．Sie ＿＿＿＿＿＿＿ Schauspielerin.

> später　のちに　Spieler　プレーヤー
> dann　そうすれば　gesund　健康に
> Schauspielerin　女優

Übung6　essen の人称変化を練習しましょう

1．Was ＿＿＿＿＿ du gern?
2．Ich ＿＿＿＿＿ gern Obst.
3．Was ＿＿＿＿＿ Sie nicht gern?
4．Ich ＿＿＿＿＿ nicht gern Fisch.
5．Herr Tanaka ＿＿＿＿＿ Suppe sehr gern.
6．Frau Kimura ＿＿＿＿＿ italienisch gern.
7．＿＿＿＿＿ ihr chinesisch gern?
8．Ich ＿＿＿＿＿ thailändisch nicht so gern. Es ist scharf.

> Fleisch　肉
> Fisch　魚
> Gemüse　野菜
> Obst　果物
> Käse　チーズ
> scharf　辛い

> gern　好き
> sehr gern　とても好き
> nicht so gern
> 　そんなに好きではない
> nicht gern　好きではない
> lieber　より好き、むしろ
>
> oder　または

> japanisch 日本食　chinesisch 中華料理　koreanisch 韓国料理　thailändisch タイ料理　türkisch トルコ料理
> indisch インド料理　italienisch イタリア料理　französisch フランス料理
> deutsch ドイツ料理　englisch イギリス料理　russisch ロシア料理

Übung7　表の食べ物についての質問文を作り、先生や友だちに食べ物の好みを質問しましょう

（返答が sehr gern なら◎、gern なら○、nicht so gern なら△、nicht gern なら×を記入する）
質問文：＿＿＿＿＿＿ du gern Fleisch oder Fisch?
返答：　Ich ＿＿＿＿＿＿ nicht gern Fleisch, ich ＿＿＿＿＿＿ lieber Fisch.

	Fleisch	Fisch	Gemüse	Obst	Käse	chinesisch	thailändisch
先生							
あなた							
友人 A							
友人 B							

不規則変化動詞 2　du と er/sie/es のとき語幹 a が ä となる動詞
fahren（乗り物で）行く（～を）操縦する

ich fahre	wir fahren
du fährst	ihr fahrt
er/sie/es fährt	sie fahren

halten
持っている　保つ

ich halte	wir halten
du hältst	ihr haltet
er/sie/es hält	sie halten

Übung1　下の表を埋めましょう

	fallen 落ちる	fangen 捕まえる	schlafen 眠る	tragen 着る・運ぶ	waschen 洗う	laufen 走る・歩く
ich	falle					laufe
du						
er/sie/es						
wir	fallen	fangen		tragen	waschen	laufen
ihr					wascht	
sie (Sie)			schlafen			

二重母音 eu ≒ äu
[　　]
Europa　Eule
läuft　Fräulein

Übung2　fahren を適切な形で空欄に入れましょう

1. Ich ＿＿＿＿＿＿ morgen nach Sendai.
2. Wohin ＿＿＿＿＿＿ du heute?
3. Herr Bauer ＿＿＿＿＿＿ nach Berlin.
4. ＿＿＿＿＿＿ Sie nach Deutschland?
5. Wir ＿＿＿＿＿＿ langsam.
6. Wohin ＿＿＿＿＿＿ du in den Ferien?
7. Wohin ＿＿＿＿＿＿ Herr und Frau Yamanaka im Urlaub? —— Sie ＿＿＿＿＿＿ nach Stockholm.

morgen　明日に　　wohin　どこへ
nach　　～（地名）へ
langsam　ゆっくり、そろそろ
in den Ferien　（学生の）長期休暇に
im Urlaub　長期休暇に

Übung3　（　　）内の動詞を適切な形にしましょう

1. Es ＿＿＿＿＿＿ Schnee.　(fallen)
2. Luise ＿＿＿＿＿＿ plötzlich.　(fallen)
3. ＿＿＿＿＿＿ du Mäuse?　(fangen)
4. Nena ＿＿＿＿＿＿ schon.　(schlafen)
5. Wo ＿＿＿＿＿＿ er?　(schlafen)
6. ＿＿＿＿＿＿ ihr Koffer?　(tragen)
7. Frau Müller ＿＿＿＿＿＿ gern Grün.　(tragen)
8. Ich ＿＿＿＿＿＿ Zimmer sauber.　(waschen)
9. Georg ＿＿＿＿＿＿ zu schnell.　(laufen)
10. Er ＿＿＿＿＿＿ immer Wort.　(halten)
11. Ich ＿＿＿＿＿＿ Würste warm.　(halten)
12. ＿＿＿＿＿＿ ihr Katzen?　(halten)

Schnee　雪　　　　　　　plötzlich　突然に
Mäuse (pl.)　ねずみ　　　Koffer (pl.)　スーツケース
schon　すでに　　　　　Grün　緑（の服）
Zimmer　部屋　　　　　sauber　清潔に
zu　～すぎる（英）too　schnell　速い
Wort　言葉・約束
Würste (pl.)　ソーセージ　　warm　温かく
Katzen (pl.)　ねこ

Übung4　fahren には、「操縦する・運転する」という意味もあります
　　　　　　　例にならって、単語を入れましょう

例)　A：Fahren Sie Ski?

　　　B：Nein, ich fahre nicht Ski, sondern Snowboard.

1．A：_____ du Motorrad?

　　B：Nein, ich fahre _____ Motorrad, _____ Rad.

2．A：_____ du gern Ski?

　　B：Ja. Und ich _____ auch gern Schlittschuh.

3．A：Was _____ ihr oft?

　　B：Im Winter _____ wir oft Snowboard.

nicht A, sondern B　A ではなくて B

Auto		車を運転する
Rad		自転車に乗る
Motorrad	fahren	バイクに乗る
Ski		スキーをする
Snowboard		スノーボードをする
Schlittschuh　（laufen）		スケートをする

im Winter　冬に

Übung5　haben の人称変化を練習しましょう

1．_____ du Hunger?　――　Ja, ich bin schon hungrig.

2．Peter _____ Durst.

3．Heute sehe ich Filme. _____ ihr Zeit?

4．_____ du Fieber?

　　Ja, ich bin krank. Ich _____ sogar Kopfschmerzen.

5．_____ du Hobbys? ―― Ja, ich reise oft.

Hunger　空腹	Schmerzen （pl.) 痛み
hungrig　空腹だ	Hobbys （pl.) 趣味
Durst　のどの渇き	Fleisch 肉　Fisch 魚
Zeit　時間　暇	Gemüse　野菜
Fieber　熱	Obst 果物　Käse チーズ
krank　病気の	es 、 das　そのこと
sogar　～すら	leider　残念ながら
Kopf　頭	

haben
持っている

ich habe	wir haben
du hast	ihr habt
er/sie/es hat	sie haben

助動詞　mögen
［動詞的用法　好きだ］

ich mag	wir mögen
du magst	ihr mögt
er/sie/es mag	sie mögen

wissen
知っている

ich weiß	wir wissen
du weißt	ihr wisst
er/sie/es weiß	sie wissen

Übung6　例にならって書き換えましょう

例）Ich esse gern Fleisch. ⇒　Ich mag Fleisch.

1．Wir essen gern Fisch. ⇒　_____

2．Er isst gern Gemüse. ⇒　_____

3．Isst du gern Käse?　⇒　_____

4．Essen Sie gern Obst? ⇒　_____

Übung7　wissen を活用させましょう

1．_____ du das?

2．Ich _____ es nicht.

3．Aber er _____ das.

4．_____ Sie auch das?

5．Leider _____ wir es nicht.

子音の発音

母音の前や語頭の b は〔　〕　Brot　　Ball　　音節末・語末の b は〔　〕　Obst

母音の前や語頭の d は〔　〕　Deutsch　Nudeln　音節末・語末の d は〔　〕　Land

母音の前や語頭の g は〔　〕　Morgen　Garten　音節末・語末の g は〔　〕　Tag

※　Orange［ʒə］　zwanzig［ç］　lang［ŋ］

名詞の性と１格の定冠詞

名詞には**文法上の性**（**男性名詞　中性名詞　女性名詞**）がある
冠詞は名詞の性・数・格により変化する

Übung1　下の名詞を男性名詞（Maskulinum）・中性名詞（Neutrum）・女性名詞（Femininum）に分類して法則性を見つけましょう

男性名詞（m）	中性名詞（n）	女性名詞（f）

Mann 男性　Frau 女性　Mädchen 女の子　Kind 子ども　Katze 猫　Hund 犬　Pferd 馬

Hose ズボン　Rock スカート　Kleid ワンピース　Messer ナイフ　Gabel フォーク　Löffel スプーン

Fleisch 肉　Fisch 魚　Gemüse 野菜　Obst 果物　Ei 卵　Wurst ソーセージ　Käse チーズ

Suppe スープ　Brot パン　Kuchen ケーキ　Kaffee コーヒー　Milch ミルク　Wasser 水

Baum 木　Blume 花　Gras 草　Freiheit 自由　Frieden 平和　Schicksal 運命　Hoffnung 希望

Kirche 教会　Dom 大聖堂　Tor 門　Bahnhof 駅　Hotel ホテル　Bank 銀行

１格（主語になる格）の定冠詞は　男性名詞 **der**　中性名詞 **das**　女性名詞 **die**　複数名詞 **die**

Übung2　次の名詞に１格の定冠詞をつけて発音し、また、文を作りましょう

１．（　　）Mann　　２．（　　）Frau　　３．（　　）Mädchen　　４．（　　）Kinder（pl.）

１．その男の人は年配だ ＿＿＿＿＿＿＿＿＿＿＿＿＿＿＿＿＿＿＿＿＿＿＿＿＿＿

２．その女の人は若い ＿＿＿＿＿＿＿＿＿＿＿＿＿＿＿＿＿＿＿＿＿＿＿＿＿＿＿

３．その女の子は背が高い ＿＿＿＿＿＿＿＿＿＿＿＿＿＿＿＿＿＿＿＿＿＿＿＿

４．その子どもたちは横浜から来ています ＿＿＿＿＿＿＿＿＿＿＿＿＿＿＿＿＿

alt　年配の
jung　若い
groß　大きい、背が高い

複合名詞の性は一番最後の名詞の性　　Fußballspiel（r Fuß ＋ r Ball ＋ s Spiel）は中性名詞

Übung3　次の名詞に１格の定冠詞をつけましょう

（　　）Baumkuchen　（　　）Currywurst　　（　　）Gemüsesuppe

（　　）Käsebrot　（　　）Spiegeleier　（　　）Kaffeepause　（　　）Handtuch

（　　）Bahnhof　（　　）Kindergarten　（　　）Dachshund

s Curry　カレー
r Spiegel　鏡
s Ei（Eier pl.）卵
e Pause　休み
e Hand　手
s Tuch　布
e Bahn　鉄道軌道
r Hof　中庭、構内
r Garten　庭
r Dachs　アナグマ

Übung4　次の名詞の意味を類推しましょう

speisen　食事をする
eintreten　入る
s Land　国、地域

Fahrkarte	（　　　　）	Postkarte	（　　　　）
Landkarte	（　　　　）	Kreditkarte	（　　　　）
Spielkarte	（　　　　）	Visitenkarte	（　　　　）
Speisekarte	（　　　　）	Eintrittskarte	（　　　　）

第1部

Lektion 7　名詞の複数形 / 挨拶の表現１（こんにちは）

	単数	複数	単数	複数	
無語尾型	Onkel	Onkel	Bruder	Brüder	
er 型	Kind	Kind**er**	Mann	M**ä**nn**er**	必ず変音　男性・中性だけ
e 型	Freund	Freund**e**	Wurst	W**ü**rst**e**	
（e）n 型	Frau	Frau**en**	Schwester	Schwester**n**	変音しない
s 型	Auto	Auto**s**	Hotel	Hotel**s**	外来語

Übung1　名詞の性と複数形を類推しましょう

1. （　　）Karte _____　カード
2. （　　）Haus _____　家
3. （　　）Freundin _____　友人（女性）
4. （　　）Katze _____　猫
5. （　　）Buch _____　本
6. （　　）Handy _____　携帯電話
7. （　　）Japaner _____　日本人（男性）

Übung2　複数形から単数形を類推しましょう

1. （　　）_____ Tanten 伯母
2. （　　）_____ Bäume 木
3. （　　）_____ Hunde 犬
4. （　　）_____ Äpfel りんご
5. （　　）_____ Gäste 客
6. （　　）_____ Babys 赤ん坊
7. （　　）_____ Japanerinnen 日本人（女性）

Übung3　名詞を複数形にし、動詞も適切な形に変えましょう

1. Der <u>Baum</u> <u>ist</u> hoch. ⇒ Die _____ _____ hoch.
2. Das <u>Buch</u> <u>ist</u> interessant. ⇒ Die _____ _____ interessant.
3. Die <u>Katze</u> <u>ist</u> noch klein. ⇒ Die _____ _____ noch klein.
4. Das <u>Auto</u> <u>fährt</u> schnell. ⇒ Die _____ _____ schnell.
5. Der <u>Apfel</u> <u>schmeckt</u> gut. ⇒ Die _____ _____ gut.
6. Heute <u>kommt</u> der <u>Gast</u>. ⇒ Heute _____ viele _____.

> hoch 高い　noch まだ　kein 小さい
> interessant 面白い　　schnell 速い
> gut よい　schmecken 美味しい
> heute 今日　viele たくさんの

挨拶の表現１

Hallo！　やあ	Danke schön（sehr）！　ありがとう
Guten Morgen！　おはよう	Vielen Dank!　ありがとう
Guten Tag！　こんにちは	Bitte schön（sehr）！　どういたしまして　どうぞ
Guten Abend！　こんばんは	
Gute Nacht！　おやすみ	Entschuldigung！　すみません
Grüß Gott！　こんにちは usw.（南部で）	Verzeihung!　すみません　　Auf Wiedersehen！　さようなら
	Es tut mir leid　お気の毒です　　Auf Wiederhören！　さようなら（電話）

Wie geht es Ihnen?　調子はどうですか　　Danke, gut!　いいですよ　　Bis morgen！　またあした
Wie geh's ？　調子はどう　　　　　　Es geht.　まあまあです　　Bis gleich！　またあとで
　　　　　　　　　　　　　　　　Nicht gut　よくないんです　　Tschüs！　バイバイ

子音の発音

v は［　］Vater　Volk　viel　　　外来語の v は［　］November　Vase　Klavier
w は［　］wir　　Wasser　wie　wo　　Wien　Welt
t th d dt は［　］　Tee　Theater　Bibliothek　Stadt　Arzt　jetzt　Abend　nicht
z tz ds ts は［　］　Zeit　Zoo　Katze　Platz　sitzen　Arzt　jetzt　abends　nichts

17

定冠詞の１格と４格

	男性	中性	女性	複数
１格	der	das	die	die
４格	den	das	die	die

１格の用法：　主語「〜は」／　sein 動詞の述語

1格	ist 〜 .	その 1格 は〜です
1格	steht da.	その 1格 はそこに立っています
Was ist	1格 ?	1格 は何ですか
Wo ist	1格 ?	1格 はどこですか
Das ist	1格 .	これは（その） 1格 です

※ das ist 〜 の das は指示代名詞

Übung1 　（　　）に定冠詞の１格を書き入れましょう

1．Was ist das? —— Das ist （　　） Tierpark.
2．（　　） Park ist groß.
3．Wo ist （　　） Bank?
4．（　　） Bank ist da links.
5．（　　） Brandenburger Tor ist bekannt.
6．Wo ist （　　） Alexanderplatz?
7．（　　） Rathaus steht da rechts.
8．Wie heißt （　　） Kirche? —— Das ist （　　） Kölner Dom.

男性名詞	女性名詞	中性名詞
Bahnhof　駅	Bank　銀行	Hotel　ホテル
Dom　大聖堂	Haltestelle　停留所	Rathaus　市庁舎
Marktplatz　中央広場	Kirche　教会	Kaufhaus　デパート
Park　公園		Postamt　郵便局
Platz　広場、場所		Tor　門、ゴール
Tierpark　動物園		

４格の用法：　（他動詞の）目的語　「〜を」

Ich suche 4格 .　　　　　　私は 4格 を探しています
Sie sehen da rechts/links 4格 .　あなたはそこの右に / 左に 4格 を見ます

da rechts その右に
da links その左に

Übung2 　（　　）に定冠詞の４格を書き入れましょう

1．Ich suche （　　） Kölner Dom.
2．Sie sehen da links （　　） Rathaus.
3．Suchst du （　　） Park?
4．Was suchen Sie? Suchen Sie （　　） Hotel.
5．Da rechts sehen Sie （　　） Kirche.
6．Wir suchen （　　） Alexanderplatz.
7．Er sucht （　　） Brandenburger Tor.
8．Dann sehen Sie da rechts （　　） Haltestelle.

vorne　前の方　　　　hier　ここ
gleich　ちょうど　　　da　そこ、あそこ
dahinten　そのうら　　dort　あそこ
　　　　　　　　　　　dann　それから

Übung3 　右の図を見て、文中の（　　）に定冠詞、_____ に単語を入れましょう

1．（　　） Bahnhof ist _____.
2．（　　） Hotel ist _____.
3．（　　） Rathaus ist _____.
4．（　　） Kirche ist ___gleich___dahinten___.
5．（　　） Haltestelle ist _____.
6．（　　） Park ist _____.
7．（　　） Bank ist _____.
8．（　　） Postamt ist _____.

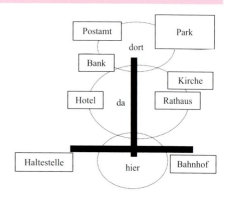

道案内の会話例 1

A：Hallo, Entschuldigung!

　Wo ist <u>1 格</u>?

B：Gehen Sie hier rechts（links）, und immer geradeaus!

　Sie sehen da rechts（links）<u>4 格</u>.

A：Danke schön!

Sie への命令形

　動詞 + Sie ～！

　Gehen Sie geradeaus!

　　　　　rechts!

　　　　　links!

まっすぐ / 右へ / 左へ行きなさい

rechts 右へ

links 左へ

immer ずっと

geradeaus まっすぐ

道案内の会話例 2

A：Hallo, Entschuldigung!

　Ich suche <u>4 格</u>.

B：Gehen Sie 100 Meter geradeaus, und rechts（links）!

　Da rechts（links）　ist　（steht/ liegt）　<u>1 格</u>.

A：Vielen Dank!

Übung4　地図を見て（　　）に冠詞、_____ に単語を入れ道案内の会話を完成させましょう

1．Tourist：Ich suche（　　）Bahnhof.

　　Passantin：Hier, _____ dann immer _____!

　　　　　　Sie sehen da _____（　　）Bahnhof.

　　Tourist：Danke schön!

　　Passantin：Bitte schön!

2．Touristin：Entschuldigung, wo ist（　　）Kaufhaus?

　　Passant：Gehen Sie 100 Meter geradeaus, dann _____!

　　　　　　Sie sehen da _____（　　）Kaufhaus.

　　Touristin：Danke sehr!

3．Tourist：Ich suche（　　）Bank.

　　Passant：Gehen Sie 200 _____!

　　Dort vorne sehen Sie（　　）Rathaus.

　　Da _____, und immer _____!

　　Sie sehen da _____（　　）Bank.

　　Tourist：Vielen Dank!

すみません　　Entschuldigung !

　　　　　　　Verzeihung !

ありがとう　　Danke schön　（sehr）!

　　　　　　　Vielen Dank !

どういたしまして　Bitte schön !

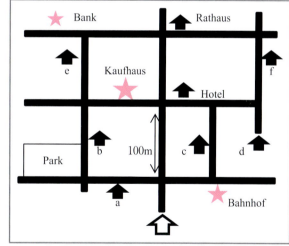

Übung5　先生の道案内を聴き、a ～ f が何の施設か、聴き取りましょう

a.　　　　　　　d.

b.　　　　　　　e.

c.　　　　　　　f.

Übung6　先生の質問に答えて、道案内の文を書きましょう

Übung7　友だちどうしで道案内をしましょう

自分の道案内を聴いて、相手が到着できた		
相手の道案内を聴き、自分が到着できた		

不定冠詞の１格と４格

	男性	中性	女性	複数
１格	ein	ein	eine	無冠詞
４格	einen	ein	eine	無冠詞

人称代名詞の１格と４格

	男性	中性	女性	複数
１格	er	es	sie	sie
４格	ihn	es	sie	sie

- s Rathaus 市庁舎
- s Tor 門　r Platz 広場
- e Kirche 教会
- r Turm 塔
- s Fernsehen テレビ
- s Hochhaus 高層ビル
- e Etage　階
- r Dom 大聖堂
- r Sitzplatz /pl. Sitzplätze 座席
- e Insel 島
- s Museum /pl. Museen 博物館
- s Hof /pl. Höfe 中庭

Da ist/steht 　1格　.　　　そこに 1格 があります / 建っています

1格 heißt/ hat ～ .　　　　1格 は　～という名です / ～を持ちます

1格 ist groß/ klein/ hoch/ neu/ alt/bekannt/schön/rot.

　　1格は大きい / 小さい /　高い / 新しい / 古い / 有名だ / きれいだ / 赤い

Sie sehen da 　4格　.　　　あなたはそこに 4格 を見ます

Kennen Sie 　4格　?　　　あなたは 4格 を知っていますか

Es gibt 　4格　.　　　　　4格 があります

Übung1　（　）に不定冠詞、____ に定冠詞、____ に人称代名詞の１格か４格を入れましょう

例）Da steht (ein) Rathaus. _Das_ Rathaus heißt „Rotes Rathaus". _Es_ ist rot. Kennen Sie _es_ ?

１．Da steht（　）Tor. _____ Tor heißt „Brandenburger Tor". _____ ist bekannt. Kennen Sie _____ ?

２．Da gibt es（　）Platz. _____ Platz heißt „Alexanderplatz". _____ ist groß. Kennen Sie _____ ?

３．Da vorne ist（　）Kirche. _____ Kirche heißt „Marienkirche". _____ ist schön. Kennen Sie _____ ?

４．Dort steht（　）Turm. _____ Turm heißt „Berliner Fernsehturm". _____ ist 368 Meter hoch.

５．Da sehen Sie（　）Hochhaus. Das ist（　）Hotel. _____ heißt „Park Inn". _____ hat 37 Etage.

６．Da ist（　）Dom. _____ Dom heißt „Berliner Dom". _____ hat etwa 1650 Sitzplätze.

７．Dort gibt es（　）Insel. _____ Insel heißt „Museumsinsel". Dort gibt es 5 Museen .

８．Dort sind（　）Höfe. _____ Höfe heißt „Hackesche Höfe". _____ haben 8 Höfe. Kennen Sie _____ ?

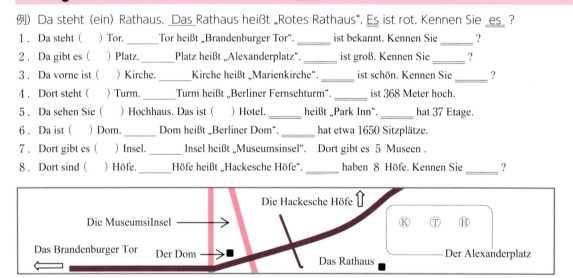

Übung2　（　）に不定冠詞の４格、____ に人称代名詞の１格、____ に４格を書き入れましょう

例）Ich habe (eine) Schwester. _Sie_ ist noch klein. Kennst du _sie_ ?

- e Katze 猫
- r Hund 犬
- s Kaninchen 兎
- niedlich 可愛い
- nett 感じがいい

１．Ich habe（　）Bruder. _____ heißt Kai. Besuchst du _____ ?

２．Ich habe（　）Katze. _____ ist niedlich. Siehst du _____ ?

３．Ich habe（　）Hund. _____ ist groß. Siehst du _____ ?

４．Ich habe（　）Kaninchen. _____ ist klein. Siehst du _____ ?

５．Ich habe zwei Schwestern. _____ sind sehr nett. Besuchst du _____ ?

e Familie　家族	男性名詞	女性名詞
中性名詞 Kind 子ども　pl.Kinder	Vater 父　pl.Väter Großvater 祖父 Opa おじいちゃん Bruder 兄弟　pl.Brüder Sohn 息子　pl.Söhne Onkel おじ　pl.Onkel Mann 夫、男性　pl.Männer	Mutter 母　pl.Mütter Großmutter 祖母 Oma おばあちゃん Schwester 姉妹　pl.Schwestern Tochter 娘　pl.Töchter Tante おば　pl.Tanten Frau 妻、女性　pl.Frauen
複数名詞 Geschwister 兄弟姉妹 Eltern 両親 Großeltern 祖父母		

<table>
<tr><td colspan="5" align="center">mein の 1 格と 4 格</td></tr>
<tr><td></td><td align="center">男性</td><td align="center">中性</td><td align="center">女性</td><td align="center">複数</td></tr>
<tr><td>1 格</td><td>mein</td><td>mein</td><td>meine</td><td>meine</td></tr>
<tr><td>4 格</td><td>meinen</td><td>mein</td><td>meine</td><td>meine</td></tr>
</table>

所有冠詞

ich ⇒ mein　私の	wir ⇒ unser　私たちの
du ⇒ dein　きみの	ihr ⇒ euer　きみたち
er ⇒ sein　彼の / それの	
sie ⇒ ihr　彼女の / それの	sie ⇒ ihr
es ⇒ sein　それの	彼らの / それらの
	Sie ⇒ Ihr あなた（がた）の

否定冠詞　kein　名詞を否定（英語の no）

Übung3　（　）の指示に合うように、＿＿に冠詞、数詞、必要な語尾を入れましょう

1．Das ist _____ Familie.（mein）

2．Haben Sie Geschwister? ― Ja, ich habe _____ Bruder und _____ Schwester.（兄 1 人、姉 1 人）

3．Hast du Geschwister? ― Ja, ich habe _____ Bruder und _____ Schwester __.（兄 1 人、妹 2 人）

4．Hast du Geschwister? ―― Nein, ich habe _____ Geschwister.

5．Hast du Onkel? ――― Ja, ich habe _____ Onkel.（叔父 2 人）

> 名前＋s 「～の」
> Karls　カールの

Übung4　右図をもとに、（　）に適切な形の冠詞や数詞を、＿＿ に適切な単語を入れましょう

1．Nina hat（　　）_____ und（　　）Schwester.

2．Heinz ist Peters _____, Anne ist Karins _____.

3．Peter hat（　　）_____.
　　Eine _____ heißt Anne, die andere heißt Sophie.

4．Peter hat（　　）Onkel.

5．Dieter und Karin haben vier _____.

> Dieter = *Karin　Anne　Sophie*
>
> Heinz　*Sabine　Nina*　Peter

> eine　ある人
> die andere　別の人

Übung5　（　）の所有冠詞を適切な形にして_____に入れましょう

1．Ist das _____ Geschwister?（Ihr）

2．Besuchst du oft _____ Bruder?（dein）

3．Das ist Sabines Mutter. _____ Schwester ist Sabines Tante.（ihr）

4．Das ist _____ Tante und das ist _____ Onkel.（mein）

5．Das sind _____ Großeltern. Er besucht _____ Tante.（sein）

6．Wir besuchen _____ Familie.（euer）

7．Wo ist _____ Heimat ? ―― _____ Heimat ist Amagi.（Ihr　unser）

Übung6　日本語に合うようにドイツ語で文を書きましょう

A：あなたは兄弟姉妹がいるのですか　_____

b：いいえ、兄弟姉妹はいません　_____

　　でも猫と犬を飼って（haben）います　_____

　　これが私のネコ、ハンナです　___Hier ist_____

　　そしてこれが私の犬、タロです　_____

　　二匹とも（die beiden）とてもかわいいんです　_____

c：姉が一人、弟が一人います　_____

　　姉はエミといい、学生で21歳、東京に住んでいます　_____

　　彼女は鳥を飼っていて、ぬいぐるみを集めています　_____

　　彼女の趣味（s Hobby）は旅行（Reisen）と料理（Kochen）です　_____

> e Heimat　故郷
> s Haustier　ペット
> e Maus　ねずみ
> r Hamster　ハムスター
> r Vogel　鳥
> e Schildkröte　カメ
> pl. Kuscheltiere　ぬいぐるみ
> sammeln　集める

> 動詞の不定詞の語頭を大文字で書く⇒中性名詞　　reisen → das Reisen「旅行（すること）」

Übung7　自分の家族やペットを紹介する文を作り、友だちと会話しましょう

<table>
<tr><td colspan="5">dieser の１格と４格</td></tr>
<tr><td></td><td>男性</td><td>中性</td><td>女性</td><td>複数</td></tr>
<tr><td>１格</td><td>dieser</td><td>dieses</td><td>diese</td><td>diese</td></tr>
<tr><td>４格</td><td>diesen</td><td>dieses</td><td>disee</td><td>diese</td></tr>
</table>

定冠詞類
dieser　この
jeder　それぞれの / 毎〜
welcher　どの（疑問詞）

４格 nehmen 〜に乗る
４格 kaufen 〜を買う
４格 kennen 〜を知っている
４格 lernen 〜を学習する

Übung1　（　　）内の冠詞を語尾を適切な形にして＿＿＿に入れましょう

1．＿＿＿＿ Zug fährt nach München.（dieser）
2．＿＿＿＿ Zug nehmen Sie?（welcher）
3．Ich nehme ＿＿＿＿ Bus.（dieser）
4．Ich kaufe ＿＿＿＿ Fahrrad für ＿＿＿＿ Sohn.（dieser　mein）
5．Kennen Sie ＿＿＿＿ Kaufhaus?（dieser）
6．＿＿＿＿ Blumen sind für ＿＿＿＿ Tochter.（dieser　mein）
7．＿＿＿＿ hat einen anderen Geschmack.（jeder）
8．＿＿＿＿ Woche fahre ich nach Tokio.（jeder）
9．＿＿＿＿ Tag lerne ich fleißig Mathematik .（jeder）

r Zug 列車　　r Bus バス
s Fahrrad 自転車
für + ４格　〜のため
s Kaufhaus デパート
pl. Blumen 花
ander 別の
r Geschmack 趣味
e Woche 週
r Tag 日
fleißig 一生懸命
e Mathematik 数学

<table>
<tr><td colspan="5">指示代名詞の１格と４格</td><td>※定冠詞とまったく同じ形</td></tr>
<tr><td></td><td>男性</td><td>中性</td><td>女性</td><td>複数</td><td>指示代名詞は強く指定するとき使う</td></tr>
<tr><td>１格</td><td>der</td><td>das</td><td>die</td><td>die</td><td>会話では人称代名詞より使われる</td></tr>
<tr><td>４格</td><td>den</td><td>das</td><td>die</td><td>die</td><td>文頭に置かれることが多い</td></tr>
</table>

主語 + finden + ４格+形容詞　Ich finde es gut. 私はそれを良いと思う

Übung2　＿＿＿ に（　　）の指示する冠詞を入れ、さらに指示代名詞、人称代名詞を入れましょう

例）Wie finden Sie den Mantel?（定冠詞）⇒ Den finde ich gut. /Ich finde ihn gut.
1．Wie findest du ＿＿＿＿ Anzug?（定冠詞）⇒ ＿＿＿＿ finde ich modisch. /Ich finde ＿＿＿＿ modisch.
2．Wie finden Sie ＿＿＿＿ Brille?（dieser）⇒ ＿＿＿＿ finden wir gut. /Wir finden ＿＿＿＿ gut.
3．Wie findest du ＿＿＿＿ Kleid?（定冠詞）⇒ ＿＿＿＿ finde ich schick. /Ich finde ＿＿＿＿ schick.
4．Wie findet ihr ＿＿＿＿ Krawatte?（dieser）⇒ ＿＿＿＿ finden wir bunt. /Wir finden ＿＿＿＿ bunt.
5．Wie findest du ＿＿＿＿ Hose?（mein）⇒ ＿＿＿＿ finde ich kurz. /Ich finde ＿＿＿＿ kurz.
6．Wie finden Sie ＿＿＿＿ Jacke?（sein）⇒ ＿＿＿＿ finde ich lang. /Ich finde ＿＿＿＿ lang.

modisch 流行の
bunt 派手な
kurz 短い
lang 長い
stilvoll 様式的な
bequem くつろいだ

Übung3　１の空欄には冠詞を入れた後、２〜４のあなた自身についての質問に答えましょう

1．Michael trägt gern bequem. Heute trägt er ＿＿＿＿ Pullover und ＿＿＿＿ Jeans.
2．Welche Kleidung trägst du gern? Stilvoll oder bequem? ＿＿＿＿＿＿＿＿＿＿＿＿＿＿
3．Was tragst du meistens? ＿＿＿＿＿＿＿＿＿＿＿＿＿＿＿＿＿＿＿＿＿＿＿
4．Was trägt dein（e）Nachbar（in）von der Klasse heute? ＿＿＿＿＿＿＿＿＿＿＿＿＿＿

男性名詞　Anzug スーツ　Rock スカート　Mantel コート　Hut 帽子　Pullover/ Pulli セーター
女性名詞　Jacke ジャケット　Hose ズボン　Brille 眼鏡　Krawatte ネクタイ　Kleidung 衣服
中性名詞　Kleid ワンピース　Hemd シャツ　T-Shirt T シャツ
複数　　　Schuhe 靴　Jeans ジーンズ

Nachbar(in) 隣人
meistens だいたいは
von der Klasse
クラスの

冠詞と代名詞等の1格と4格

		男性1格	男性4格	中性1、4格	女性1、4格	複数1、4格
定冠詞類	定冠詞　指示代名詞	der	den	das	die	die
	指示冠詞（この）	dieser	diesen	dieses	diese	diese
	疑問冠詞（どの）	welcher	welchen	welches	welche	welche
	疑問代名詞※	wer	wen	was		
不定冠詞類	不定冠詞（1つの）	ein	einen	ein	eine	無冠詞
	否定冠詞（英 no）	kein	keinen	kein	keine	keine
	所有冠詞（私の）	mein	meinen	mein	meine	meine
	〃　　（あなたの）	Ihr	Ihren	Ihr	Ihre	Ihre
	人称代名詞（3人称）	er	ihn	es	sie	sie

※ wer、wen は性別にかかわらず「誰が、誰を」の意味で用いる　（単数扱い）

Übung4　下線部に適切な冠詞や代名詞等を入れましょう

r Verkäufer (in)　店員
r Kunde (e Kundin)　顧客
wünschen　願う
suchen　探す
es gibt 4格　〜がある
sonst　他に　noch なお
etwas　何か（英something）

1．Verkäuferin：＿＿＿＿ wünschen Sie?

　　Kundin：Ich suche ＿＿＿＿ Kleid für ＿＿＿＿ Party.

　　V：Wie finden Sie das Kleid hier?

　　K：＿＿ finde ich schick. Ich nehme ＿＿＿＿.

　　　　Wie viel kostet ＿＿＿＿?

　　V：＿＿＿＿ macht 55. 95 Euro.

値段はおいくらですか？
Wie viel kostet 1格?
Was kostet 1格?

2．Verkäufer：＿＿＿＿ möchten Sie?

　　Kunde：Ich suche ＿＿＿＿ Wörterbuch. Es gibt hier viele Bücher.

　　　　＿＿＿＿ Wörterbuch ist gut. ＿＿＿＿ kaufe ich.

3．Kunde：Ich möchte ＿＿＿＿ ＿＿＿＿＿ und ＿＿＿＿＿.

＿＿＿＿ には下から選んで物を入れましょう

　　Verkäuferin：Möchten Sie sonst noch etwas?

Ich möchte + 4格〜がほしい

　　K：Ich nehme auch ＿＿＿＿ ＿＿＿＿＿.

Übung5　日本語を参考に＿＿＿＿に適切な冠詞や代名詞等を入れましょう

1．A：Wo ist ＿＿＿＿ Tasche denn?　　　あなたのバッグはいったいどこなの？

　　B：Mein Gott! ＿＿＿＿ Tasche ist weg!　なんてこと、私のバッグがなくなっちゃったわ！

2．A：Hast du ＿＿＿＿ Kamera ?　　　君はカメラを持ってるの？

　　B：Ja, aber ＿＿＿＿ funktioniert nicht.　ああ、だけど動かない（それは機能しない）よ

　　A：Ach, schade.　　　　　　　　　そりゃ、残念だ

3．A：Ist ＿＿＿＿ ＿＿＿＿ CD-Spieler ?　これは君の CD プレーヤー？

　　B：＿＿＿＿ ist kaputt.　　　　　　それ、壊れてるよ

Schreibwaren usw.　文房具 など

男性名詞　Brief 手紙　Füller 万年筆　Stift ペン　Bleistift 鉛筆　Kugelschreiber (Kuli) ボールペン
　　　　Geldbeutel 財布　（Regen）Schirm（雨）傘　Rucksack リュックサック　Schuh 靴 (pl. Schuhe)
　　　　Schlüssel 鍵　Computer コンピューター　MP3-Spieler MP3プレーヤー　iPod アイポッド
中性名詞　Buch 本　Wörterbuch 辞書　Heft ノート　Etui 筆箱　Bild 絵・写真　Foto 写真
　　　　Taschentuch ハンカチ　Papier 紙　Papiertaschentuch ティッシュペーパー (pl. -tücher)
　　　　Geld お金　Geldbeutel, Portemonnaie 財布　Feuerzeug ライター
　　　　Laptop ノートパソコン　Handy 携帯電話　Smartphone スマートフォン
女性名詞　Zeitung 新聞　Karte カード・チケット　Fahrkarte 切符　Postkarte 葉書
　　　　Tasche バッグ　Uhr 時計　Zeitschrift 雑誌　Kamera カメラ　CD　DVD

23

Lektion 11　否定疑問文 / 否定文（nicht と kein）

肯定疑問文	Haben Sie Hunger?	あなたは空腹ですか
	Ja, ich habe Hunger.	はい、空腹です
	Nein, ich habe keinen Hunger.	いいえ、空腹ではありません
否定疑問文	Haben Sie keinen Hunger?	あなたは空腹ではないんですか
	Doch, ich habe Hunger.	いいえ、空腹です
	Nein, ich habe keinen Hunger.	はい、空腹ではありません

Übung1　質問の返答部分に文章を加えて、意味が通るようにしましょう

1．Hast du jetzt Zeit? —— Nein, leider habe _____

2．Habt ihr heute keine Schule? —— Nein, wir _____

3．Bist du nicht müde ? —— Doch, ich _____

4．Spielst du nicht gern Klavier ? —— Nein, ich _____

5．Habt ihr Durst ? —— Ja, wir _____

6．Haben Sie keine Geschwister ? —— Doch, ich _____

7．Mögen Sie nicht Fleisch? —— Nein, ich esse eigentlich _____. Ich bin vegan.

leider	残念ながら
jetzt	今は
e Zeit	時間
e Schule	学校
müde	疲れた
s Klavier	ピアノ
r Durst	のどの渇き
eigentlich	そもそも
vegan	純菜食主義の

否定表現

nicht での否定

・文を否定（動詞を否定）⇒文末

　ただし動詞と密接に結び付いた語句や述語内容があるとき ⇒その語句の直前

　　Er kommt heute nicht.　　彼は今日来ない（そもそも来ない）

　　Er spielt nicht Fußball.　　彼はサッカーをしない

　　Er wird nicht Arzt.　　彼は医者にならない

・部分否定（単語や句を否定）⇒ その語句の直前

　　Er kommt nicht heute.（sondern er kommt morgen）

　　　　　　　　　　　　彼は今日は来ない（明日は来る）

名詞を否定するとき

・kein: 不定冠詞のついた名詞や抽象名詞などを否定「１つも / 少しも〜ない」

　　Hast du einen Kugelschreiber? —— Nein, ich habe keinen Kugelschreiber.

　　　　　　　　　　　ボールペン持ってる？—— いや、持ってないよ

・nicht: 定冠詞や所有冠詞つきの名詞（特定されているもの）を否定

　　Ich kaufe nicht den Kugelschreiber.　　そのボールペンは買わない

　　Das ist nicht mein Kugelschreiber.　　それは私のボールペンではない

　※両方可能な場合もある　Er ist kein Lehrer [nicht Lehrer].　　彼は教師ではない

Übung2　次の文を否定文に変えましょう（答え方は複数考えられるものもあります）

1．Er hat Kinder. ⇒ _____

2．Sie wohnt in Osaka. ⇒ _____

3．Ich trinke Tee. ⇒ _____

4．Ich trinke gern Bier. ⇒ _____

5．Meine Großeltern haben auf dem Land viele Kühe und Schweine.

　⇒ _____

6．Ich mag alle Pferde. ⇒ _____

auf dem Land	出舎に
e Kuh	牝牛　pl.Kühe
s Huhn	鶏　pl.Hühner
s Schwein	豚　pl. Schweine
s Pferd	馬　pl. Pferde

Lektion 12　非人称 es（1）　天候・日時・時刻の言い方

人称代名詞 es の非人称的な用法 1：仮主語 es として、自然現象・天候・日時などの表現に用いる

Es regnet（schneit /donnert）.　雨が降る（雪が降る／雷が鳴る）（Es fällt Regen/Schnee）

Es ist heiß（warm/ kühl/ kalt）heute.　今日は暑い（あたたかい / 涼しい / 寒い）

Es ist schon hell（dunkel）.　もう明るい（暗い）

Es ist jetzt 8 Uhr.（Jetzt ist es 8 Uhr.）　今は 8 時だ

Es ist Sonntag heute.（Heute ist Sonntag）　今日は日曜日だ

Es wird Frühling（Sommer/ Herbst/ Winter/ Abend/ Mittag）.

　　　春になる（夏 / 秋 / 冬 / 夕方 / 昼になる）

donnern	雷が鳴る
blitzen	稲妻が光る
wehen	風が吹く
dämmern	薄明るく / 暗くなる

Übung1　ドイツ語の文に訳しましょう

1．明日は雪が降る _____

2．今日は涼しいよね _____

3．どこかで雷が鳴ってるよ _____

4．外はまだ暗い _____

5．もうすぐ春になる _____

6．もうお昼だ _____

morgen	明日に
〜 , nicht wahr?	
〜でしょう？	
（真実じゃないの？）	
irgendwo	どこか
draußen	外では
bald	すぐに
noch	まだ、なお
schon	もう

時刻の尋ね方

Wie spät ist es jetzt?　　いま何時ですか

Wie viel（Wieviel）Uhr ist es jetzt?

時刻の言い方 1 offiziell（駅などの公共の場所で）

Es ist ein Uhr. /　Es ist eins.　1 時です　　　※　Es ist eine Uhr.　それは（ひとつの）時計です

Es ist 14. 25 Uhr.　（Es ist vierzehn Uhr fünfundzwanzig.）　14時25分です

時刻の言い方 2（日常会話）

2.00	zwei
2.05	fünf nach zwei
2.15	Viertel nach zwei
2.25	fünf vor halb drei
2.30	halb drei
2.35	fünf nach halb drei
2.45	Viertel vor drei
2.55	fünf vor drei

Übung2　時刻を公共の場での言い方で書きましょう

1．8.00　　　2．4.30

Übung3　時刻を日常の言い方で書きましょう

1．8.00　　　2．4.30　　　3．9.07

4．11.54　　　5．3.15　　　6．1.26

Wann kommst du？　きみはいつ来るの？　　　Ich komme morgen.　明日行くよ

Um wieviel Uhr kommst du？　きみは何時に来るの？　Ich komme um 7（Uhr）.　7 時に行くよ

Übung4　質問に答えましょう

1．Wann kommst du zur Schule? _____

2．Wann kommst du nach Hause? _____

3．Wann beginnt der Unterricht? _____

zur Schule	学校へ
nach Hause	家へ
beginnen	始まる
r Unterricht	授業

枠構造：基礎動詞と 分離前つづり で
他の成分を囲む形になっていること

分離動詞　　an|kommen　到着する
基礎動詞は定形第２位に、分離前つづりは文末に置く
平叙文　　　Der Zug kommt um 9. 32 Uhr an.　　列車は９時32分に到着します
決定疑問文　Kommt der Zug um 9. 32 Uhr an?　　列車は９時32分に到着するの？
補足疑問文　Wann kommt der Zug an?　　　　　何時に列車は到着するの？

Übung1　前つづりと基礎動詞の意味から類推して、分離動詞と日本語の意味を結びましょう

an 接近する ＋ rufen 呼ぶ　　　　an|rufen　　　起床する
auf 上へ ＋ stehen 立っている　　auf|stehen　　テレビを見る
fern 遠方に ＋ sehen 見る　　　　fern|sehen　　買い物をする
ein 中へ ＋ kaufen 買う　　　　　ein|kaufen　　帰宅する
zurück 元に ＋ kommen 来る　　　zurück|kommen　電話をする

ab|fahren　出発する
an|fangen　始まる／始める
an|kommen　到着する
aus|steigen　降りる
ein|steigen　乗り込む
um|steigen　乗り換える

Übung2　＿＿＿ に適切な語句を入れましょう

1．Der Zug nach Bremen ＿＿＿ um 8. 52 Uhr von Berlin ＿＿＿.
2．Um 11. 50 Uhr ＿＿＿ er in Bremen ＿＿＿.
3．Ich ＿＿＿ in Berlin ＿＿＿, in Hannover ＿＿＿ und in Bremen ＿＿＿.

nach　～へ
von　～から

Übung3　ドイツ語の文にしましょう

1．私は明日（morgen）、６時に起きます ＿＿＿＿＿＿＿＿＿＿＿＿＿＿＿＿＿
2．授業（r Unterricht）は８時半に始まります ＿＿＿＿＿＿＿＿＿＿＿＿＿＿
3．ハインツは９時に仕事（e Arbeit）を始めます ＿＿＿＿＿＿＿＿＿＿＿＿
4．私はだいたいは（meistens）７時15分前に帰宅します ＿＿＿＿＿＿＿＿＿

Übung4　先生の質問を聴き、時刻を答えましょう

1．Wann fängt der Deutschunterricht an? —— ＿＿＿＿＿＿＿＿＿＿＿＿＿＿
2．Um wieviel Uhr stehst du wochentags auf? —— ＿＿＿＿＿＿＿＿＿＿＿
3．Um wieviel Uhr stehst du sonntags auf? —— ＿＿＿＿＿＿＿＿＿＿＿＿

wochentags　週日に
sonntags　日曜日に

分離動詞　　前つづりにアクセントがある　an|kommen 到着する　vor|stellen 紹介する
非分離動詞　前つづりにアクセントがない　bekommen 受け取る　bestellen 注文する
必ず非分離動詞になる前つづり　　be　emp　ent　er　ge　ver　zer
分離動詞、非分離動詞両方あるもの　　durch hinter miss über um unter voll wider wieder など

Übung5　２つの文を日本語に訳しましょう

über|setzen　（対岸に）渡す
übersetzen　翻訳する
r Fährmann　船頭
ins Deutsch　ドイツ語に

1．Der Fährmann setzt uns über. ＿＿＿＿＿＿＿＿＿＿＿＿＿＿＿＿＿＿＿
2．Sie übersetzt Soseki ins Deutsch. ＿＿＿＿＿＿＿＿＿＿＿＿＿＿＿＿＿

Übung6　右の動詞群から選んで、＿＿＿ に適した語を入れましょう

1. Da ＿＿＿＿＿ ein Haus.

   Ich ＿＿＿＿＿ die Prüfung.

   Ich ＿＿＿＿＿ früh ＿＿.

   Ich ＿＿＿＿＿ ihn nicht.

   | stehen　立っている |
   | bestehen　合格する |
   | verstehen　理解する |
   | auf\|stehen　起きる |

2. Ich ＿＿＿＿＿ den Wein kalt.

   Ich ＿＿＿＿＿ das Menu.

   Ich ＿＿＿＿＿ meine Schwester ＿＿＿.

   | stellen　置く |
   | bestellen　注文する |
   | vor\|stellen　紹介する |

3. Ich ＿＿＿＿＿ eine Postkarte.

   Er ＿＿＿＿＿ Lebensmittel ＿＿＿.

   Die Bäckerei ＿＿＿＿＿ Brot.

   | kaufen　買う |
   | verkaufen　売る |
   | ein\|kaufen　買い入れる |

   | e Prüfung　試験 |
   | früh　朝早く |
   | kalt　冷たく |
   | s Menu　定食 |
   | e Postkarte　葉書 |
   | pl. Lebensmittel |
   | 　食料品 |
   | e Bäckerei　パン屋 |
   | s Brot　パン |

Übung7　Fritz のある一日の予定をドイツ語の文にしましょう

例) (um 3.00 Uhr, an\|rufen) <u>Um 3 Uhr ruft Fritz seine Freundin an.</u>

1. (um 7.15 Uhr,　auf\|stehen) ＿＿＿＿＿＿＿＿＿＿＿＿＿＿

2. (um 7.30 Uhr,　frühstücken) ＿＿＿＿＿＿＿＿＿＿＿＿＿＿

3. (um 7.45 Uhr,　zur Uni/Fachhochschule fahren/gehen) ＿＿＿＿＿＿＿＿＿

4. 主語 Unterricht (um 8.50 Uhr,　an\|fangen) ＿＿＿＿＿＿＿＿＿＿＿

5. (um 12.00 Uhr,　zu Mittag essen) ＿＿＿＿＿＿＿＿＿＿＿＿＿

6. (um 5.00 Uhr,　zurück\|kommen) ＿＿＿＿＿＿＿＿＿＿＿＿＿

7. (um 6.30 Uhr,　zu Abend essen) ＿＿＿＿＿＿＿＿＿＿＿＿＿

8. (von 7 bis 9,　fern\|sehen) ＿＿＿＿＿＿＿＿＿＿＿＿＿＿＿

9. (von 9 bis 11,　Hausaufgaben machen) ＿＿＿＿＿＿＿＿＿

10. (um 11.40 Uhr,　ein\|schlafen) ＿＿＿＿＿＿＿＿＿＿＿

   | gegen　　　～時ごろ |
   | von ～ bis ～　～時から～時まで |

Übung8　Übung7にならい、任意の時刻を入れてあなたのある日の予定を書きましょう

1. ＿＿＿＿＿＿＿＿＿＿＿＿＿＿＿＿＿＿＿
2. ＿＿＿＿＿＿＿＿＿＿＿＿＿＿＿＿＿＿＿
3. ＿＿＿＿＿＿＿＿＿＿＿＿＿＿＿＿＿＿＿
4. ＿＿＿＿＿＿＿＿＿＿＿＿＿＿＿＿＿＿＿
5. ＿＿＿＿＿＿＿＿＿＿＿＿＿＿＿＿＿＿＿
6. ＿＿＿＿＿＿＿＿＿＿＿＿＿＿＿＿＿＿＿
7. ＿＿＿＿＿＿＿＿＿＿＿＿＿＿＿＿＿＿＿
8. ＿＿＿＿＿＿＿＿＿＿＿＿＿＿＿＿＿＿＿
9. ＿＿＿＿＿＿＿＿＿＿＿＿＿＿＿＿＿＿＿
10. ＿＿＿＿＿＿＿＿＿＿＿＿＿＿＿＿＿＿＿

   | frühstücken　朝食をとる |
   | zur Uni　大学へ |
   | zur Fachhochschule　高専へ |
   | r Unterricht　授業 |
   | zu Mittag essen　昼食をとる |
   | zu Abend essen　夕食をとる |
   | Hausaufgaben (pl.)　宿題 |
   | ein Bad nehmen　入浴する |
   | ein\|schlafen　就寝する |

Übung9　友だちに一日の予定を尋ねる質問文を作って質問し、返答をまとめましょう

1. <u>Wann stehst du auf ?</u>

2. ～10.

1. <u>Er/Sie steht meistens　　Uhr auf.</u>

2. ～10.

普通動詞の命令形（願望・依頼）

Sie：動詞 + Sie 〜！ 　　　　　　Kommen Sie！　来て！　　Warten Sie！　待って！

ihr：動詞〜！（ihr はつけない）　Kommt！　Wartet！

du：語幹〜！（du はつけない）　Komm！　Warte！

☆ただし du の命令形で e ⇒ i/ ie となる不規則動詞は語幹の母音を変える

Sprich！　話して！

bitte	どうぞ
doch	ぜひ
mal	ちょっと
nun	さあ
nur	さあ、まあ

Übung1　日本語を参考に、Sie、ihr、du の命令形にしましょう（bitte か doch を入れること）

1．hierher kommen （こちらに来る）　　2．noch einmal sagen （もう一度言う）

3．mich einmal besuchen（一度訪ねる）　4．auf ein Fahrrad auf|passen（自転車に気を付ける）

5．viele Bücher lesen（たくさん本を読む）　6．mir helfen（私をたすける）

noch	なお
einmal	一度
mich	私を
mir	私に

sein 動詞の命令形

Sie：　Seien Sie still!　静かに！

ihr：　Seid still!

du：　Sei still!

werden の命令形

Sie：　Werden Sie glücklich!　幸せになってください！

ihr：　Werdet glücklich!

du：　Werde glücklich!

Übung2　日本語を参考に、Sie、ihr、du の命令形になおしましょう

1．ruhig sein （落ち着く）　　　　　2．bald gesund werden （すぐに良くなる）

Übung3　Sie への命令文を du への命令文に、あるいは逆に、言い換えましょう

1．Bitte nehmen Sie Platz! ⇒ ＿＿＿＿＿＿＿＿＿＿＿＿＿＿＿＿＿＿（席に着く）

2．Schauen Sie mal! ⇒ ＿＿＿＿＿＿＿＿＿＿＿＿＿＿＿＿＿＿＿＿＿（見る）

3．Zeig mir doch dein Zimmer ! ⇒ ＿＿＿＿＿＿＿＿＿＿＿＿＿＿（部屋を見せる）

4．Fangen Sie doch pünktlich an! ⇒ ＿＿＿＿＿＿＿＿＿＿＿＿（時間どおりに始める）

5．Entschuldigen Sie bitte! ⇒ ＿＿＿＿＿＿＿＿＿＿＿＿＿＿＿（ごめんなさい）

6．Sprechen Sie bitte langsamer! ⇒ ＿＿＿＿＿＿＿＿＿＿（もっとゆっくり話す）

7．Gehen Sie hier rechts! ⇒ ＿＿＿＿＿＿＿＿＿＿＿＿＿＿＿（ここを右へ行く）

8．Seien Sie gespannt auf die Vorstellung ! ⇒ ＿＿＿＿＿＿＿（公演に期待する）

動詞 + wir 〜！　〜しましょう（英 let's）

Gehen wir langsam!　そろそろ行きましょう

gehen ＋動詞の不定形　〜しに行く

Übung4　独訳しましょう

1．いっしょに（zusammen）ドイツ語を習いましょう（lernen）＿＿＿＿＿＿＿＿＿＿＿＿＿＿＿

2．水泳に行きましょう（schwimmen）＿＿＿＿＿＿＿＿＿＿＿＿＿＿＿＿＿＿＿＿＿＿＿＿＿

3．買い物に行きましょう（einkaufen）＿＿＿＿＿＿＿＿＿＿＿＿＿＿＿＿＿＿＿＿＿＿＿＿＿

4．休憩にしましょうよ（eine Pause machen）＿＿＿＿＿＿＿＿＿＿＿＿＿＿＿＿＿＿＿＿＿

5．学食に行きましょう（in die Mensa gehen）＿＿＿＿＿＿＿＿＿＿＿＿＿＿＿＿＿＿＿＿＿

6．食器を洗いましょう（Geschirr spülen）＿＿＿＿＿＿＿＿＿＿＿＿＿＿＿＿＿＿＿＿＿＿＿

挨拶の表現 2 （別れ際の決まり文句等）

別れ際の決まり文句

Viel Spaß !　楽しんできてね！

Viel Glück !　成功（幸運）を祈るよ！

Viel Erfolg !　頑張って（成果をあげて）！

Mach's gut !　頑張ってね！

Gute Reise !　よいご旅行を！

Schönes Wochenende !　よい週末を！

Schönen Urlaub !　よい休暇を！

Schöne Ferien !　（学生に）よい休暇を！

Alles Gute !　お元気で！

Geichfalls !　同様に！

Gute Besserung !　お大事に！

Gesundheit !　（くしゃみをした人に）

初めて会った人に

Freut mich !　どうぞよろしく

Sehr angenehm !　はじめまして

Willkommen in ～ !　～にようこそ

Herzlichen Glückwunsch (zum Geburtstag)　（誕生日）おめでとう！

Frohe (fröhliche) Weihnachten !　クリスマスおめでとう！

Ein Glückliches Neues Jahr !　新年おめでとう

Alles in Ordnung !　OK!（順調だよ）

Alles klar !　OK!　了解！

Das ist sehr nett von Ihnen !　本当にご親切に

感謝や謝罪に対して

Bitte sehr!　どういたしまして

Gern geschehen　喜んでしたんですよ

Nichts zu danken　お礼にはおよびません

Das macht nichts　なんでもないですよ

Keine Ursache　なんでもないですよ

Mein Gott !　おやおや、なんたることだ

Gott sei Dank !　やれやれ、ああよかった

um Gottes willen　大変だ、どうしよう、後生だから

Übung5　次の会話の（　　）に適した表現を上記の決まり文句から選びましょう

1．„Morgen fahren wir nach Osaka und besuchen das Universal Studio.“ —„ (　　) “

2．„Frau Müller, das ist meine Tochter.“ — „ Hallo, ich heiße Aya. (　　) “

3．„Ab morgen haben wir Urlaub. Wir fahren nach Spanien. “ —„ (　　) “

4．„Ich habe jetzt Kopfschmerzen. Ich komme gleich nach Hause. “ —„ (　　) “

5．„Herr Müller, hezlichen Dank für Ihre Hilfe“ —„ (　　) “

6．„Einen schönen Abend noch! “ —„Danke, (　　) “

7．„Entschuldigung, Max. Ich komme zu spät. “ —„ (　　) “

8．„Klaudia und ich heiraten nächsten Monat. “ —„ (　　) “

9．„Ich komme zum ersten Mal hier in Berlin! “ —„ (　　) “

10．„Ach, es ist sehr nett von Ihnen! “ —„ (　　) “

11．„Heute habe ich Geburtstag.“ —„ (　　) “

12．„Übermorgen habe ich ein Examen. “ —„ (　　) “

13．„Es weihnachtet schon!. “ —„ (　　) “

> besuchen　訪れる　　　　ab ～から
> pl. Kopfschmerzen　頭痛
> gleich　すぐに　　nach Hause　家へ
> e Hilfe　助け　　zu spät　遅すぎる
> heiraten　結婚する
> nächsten Monat　来月
> zum ersten Mal　初めて
> übermorgen　明後日　s Examen　試験
> es weihnachtet　クリスマスらしくなる

疑問詞まとめ（1）
［会話：乗車券購入・ホテル予約・レストラン］

was 何が（を）	
wo どこで	
woher どこから	
wohin どこへ	
wie どのように	

wann いつ	
wie alt 年齢	
wie viel 量	
wie spät 時間	
wie lange 時間	

Was sind Sie von Beruf	あなたの職業・身分はなんですか？
Was ist Ihr Hobby?	あなたの趣味はなんですか？
Wo wohnen Sie?	どこに住んでいますか？
Woher kommen Sie?	どこの出身ですか（どこから来ましたか）？
Wohin fahren（gehen）Sie？	どこに行くのですか
Wie heißen Sie?	どういうお名前ですか？
Wie alt sind Sie?	あなたは何才ですか（年齢）
Wie geht es Ihnen?	ごきげんいかがですか（あなたにとって調子は？）
Wie ist Ihr Name / Ihre Adresse?	お名前 / 住所はなんですか？
Wie ist IhreTelefonnummer/Handynummer?	あなたの電話 / 携帯番号は？

Wie geht's?
調子はどう？

値段・時刻の尋ね方

Wie viel（Wieviel）kostet das ? ― Die Uhr kostet 95 Euro.　おいくらですか ― 時計は95ユーロです

Was kostet das ? ― Das macht zusammen 8. 70Euro.　おいくらですか ― 全部で 8 ユーロ70セントです

Wie spät（Wie viel Uhr）ist es jetzt ? ― Es ist ein Uhr.　いま何時ですか ― 1 時です

Wann（Um wieviel Uhr）kommst du ? ― Um 7（Uhr）.　君はいつ（何時に）来るの？ ― 7 時に行くよ

Wie lange dauert es ? ― Eine Stunde.　それはどのくらい長い時間がかかる（継続する）の？ ― 1 時間です

Übung1 du への疑問文に変えましょう（6は彼 / 彼女の職業・身分を問う疑問文に、7は時間を答える）

1．Was sind Sie von Beruf ? ⇒ _____

2．Was ist Ihr Hobby ? ⇒ _____

3．Wie alt sind Sie ? ⇒ _____

4．Wie geht es Ihnen ? ⇒ _____

5．Wie ist Ihr Name ? ⇒ _____

6．Was sind Sie von Beruf ?（彼 / 彼女）⇒ _____

7．Wie lange dauert es von hier zum Bahnhof ? _____

君にとって：dir
von hier zum Bahnhof
ここから駅まで
e Stunde 時間
e Minute 分

> 駅で乗車券（e Fahrkarte）購入　座席（r Platz）予約（reservieren）
>
> einmal 1 枚　　　　einfach 片道　　　　erster Klasse 1 等
>
> zweimal 2 枚　　　hin und zurück 往復　zweiter klasse 2 等

> 買い物での店員側の決まり文句
>
> Bitte sehr! /　Sie wünschen?
>
> 　　　　　　　何でしょうか
>
> Was möchten（wünschen）Sie?
>
> 　何をほしい（願う）のですか
>
> Kann ich Ihnen helfen?
>
> 　何かお手伝いできますか

Übung2　【駅の窓口】 _____ に適切な語を入れましょう

Angestellte am Schalter：Was möchten Sie?

Herr：Ich möchte eine _____ nach Hamburg für morgen früh

　　　gegen 7 Uhr. Wann fährt der Zug nach Hamburg ab?

A：Einen Moment bitte. Ja, also ein ICE von Berlin nach Hamburg fährt um 6. 38 Uhr ab.

K：Ich nehme den Zug und reserviere den Platz. Wieviel _____ die Fahrkarte?

A：Möchten Sie einfach oder _____ ?

K：Also, einmal, _____, erster Klasse bitte.

　　　Die Zeit der Rückfahrt ist noch nicht bestimmt.

A：Warten Sie mal. Das kostet 156 Euro.

K：Ja, bitte. Wie _____ dauert die Fahrt?

A：Etwa 2 Stunden. Hier, 44 Euro zurück.

　　Danke sehr und die gute _____ !　　　　K：Danke schön, auf _____ !

> r Schalter 窓口　　morgrn früh 明日朝
>
> gegen 〜時ごろ　　r Zug 列車　　r Moment 瞬間
>
> also つまり　　r ICE 特急　　e Rückfahrt 帰路
>
> noch まだ　　bestimmt 決まっている　　etwa 約
>
> e Fahrt 旅程　　zurück 戻る、おつり

> ホテルの予約　（s Hotelzimmer ホテルの部屋　reservieren 予約する）
>
> s Einzelzimmer　シングル　　　mit Dusche　シャワー付き　　für eine Nacht　1 泊
>
> s Doppelzimmer　ダブル　　　　mit Bad　バスタブ付き　　　für zwei Nächte　2 泊
>
> 　　　　　　　　　　　　　　　mit Frühstück　朝食付き
>
> in der Nähe von 〜　〜の近く

Übung3　【ホテルの予約】 _____ に適切な語を入れましょう

Angestellter im Reisebüro：Guten Tag!　Kann ich Ihnen helfen?

Tourist：Guten Tag! Haben Sie noch Zimmer frei?

　　　　Wir möchten ein _____ mit Bad, WC und Frühstück.für heute Nacht.

A：Möchten Sie hier in der Nähe, oder lieber in der Altstadt?

T：Wir besuchen morgen das Museum,

　　also ein Hotel in der Altstadt ist besser.

A：Jawohl , wie finden Sie dieses _____?

T：Ja, es sieht schön aus. Was _____ das?

A：Für zwei Personen kostet das 250 Euro.

T：Es geht. Ich nehme das _____.

A：Gut, ich rufe das Hotel an. Warten Sie einen _____ bitte!

> frei 空いている

> s Frühstück 朝食　　　　　　für 〜のため
>
> lieber むしろ　　　　　　　e Altstadt 旧市街
>
> also つまり　　　　　　　　besser よりよい
>
> aus|sehen 〜に見える　　　　e Person 人間
>
> an|rufen 電話する　　　　　warten 待つ

レストランで注文		レストランで支払い	
Die Speisekarte bitte !	メニューをお願いします	Zahlen, bitte!	お支払いしたいのですが
zum Trinken / Essen	飲み物 / 食事は〜です	zusammen oder getrennt	
Guten Appetit !	おいしく召し上がれ！		お会計はいっしょにですか、別々ですか
Danke, gleichfalls!	ありがとう、あなたもね	Stimmt so.	これでいいですよ（チップです）

Übung4 【(レストラン) 注文と支払い】_____ に適切な語を入れましょう

Kellnerin：Guten Abend ! Die _____, bitte!

Gast A：Guten Abend, ich möchte mal ein _____ Bier.

Gast B：Zum Trinken, ich nehme _____ Rotwein.

K：Ja, und zum _____, was bekommen Sie?

A：Was empfehlen Sie heute?

K：Die Forelle schmeckt besonders gut.

A：_____ bekomme ich, und _____ Gemüsesuppe , _____ Käseteller auch.

B：Ich bestelle _____ Hähnchen, _____ Tomatensuppe

　　und als Nachtisch einen Apfelkuchen, und eine Tasse Kaffee.

A：Als Nachtisch möchte ich _____ Erdbeereis.

Gast A：Zahlen, bitte!

Kellnerin：Zahlen Sie _____ oder getrennt?

A：Getrennt, bitte.

K：Was bezahlen Sie?

A：Ich bezahle _____ Bier, _____ Forelle, _____ Gemüsesuppe,

　　_____ Käseteller und _____ Erdbeereis.

K：Das macht zusammen 35 Euro 40.

A：Stimmt so.

möchte 〜がほしい
bekommen もらう
bestellen 注文する
nehmen 選択する
empfehlen 薦める
schmecken 味がする

ein Glas 〜（グラス）1杯の
eine Tasse 〜（コップ）1杯の
s Bier ビール
r Rotwein 赤ワイン
e Forelle 鱒（料理）
s Hähnchen チキン
e Gemüsesuppe 野菜スープ
e Tomatensuppe トマトスープ

als 〜として　r Apfelkuchen アップルケーキ
r Nachtisch デザート s Erdbeereis いちごアイス

32

定冠詞の格変化

	男性名詞	中性名詞	女性名詞	複　数
1格	der Mann	das Kind	die Frau	die Kinder
2格	des Mann (e) s	des Kind (e) s	der Frau	der Kinder
3格	dem Mann	dem Kind	der Frau	den Kindern
4格	den Mann	das Kind	die Frau	die Kinder

定冠詞類（dieser 型）の格変化

	男　性	中　性	女　性	複　数
1格	dieser	dieses	diese	diese
2格	dieses ― (e) s	dieses ― (e) s	dieser	dieser
3格	diesem	diesem	dieser	diesen ― (e) n
4格	diesen	dieses	diese	diese

不定冠詞の格変化

	男　性	中　性	女　性	複　数
1格	ein	ein	eine	無冠詞
2格	eines ― (e) s	eines ― (e) s	einer	無冠詞
3格	einem	einem	einer	無冠詞 ― (e) n
4格	einen	ein	eine	無冠詞

不定冠詞類（mein 型）の格変化

	男　性	中　性	女　性	複　数
1格	mein	mein	meine	meine
2格	meines ― (e) s	meines ― (e) s	meiner	meiner
3格	meinem	meinem	meiner	meinen ― (e) n
4格	meinen	mein	meine	meine

男性・中性名詞は
2格のとき語尾に -(e)s を
つける
複数名詞は3格のとき語尾
に -(e)n をつける

定冠詞類
dieser　この
welcher　どの
jeder　各々の（単数）
solcher　そのような
jener　あの
aller　すべての
mancher　かなりの数の

所有冠詞
mein　私の
dein　きみの
sein　彼の / それの
ihr　彼女の / それの
unser　私たちの
euer　きみたちの
ihr　彼らの / それらの
Ihr　あなたの / あなた方の
否定冠詞
kein　名詞を否定
　（英語の no）

★定冠詞は　der 、　das 、＿＿＿＿＿＿＿＿＿＿＿＿＿＿＿ の ＿＿ つを用いる
★冠詞類の語尾変化は定冠詞とほぼ同じ変化なので、定冠詞を覚えた後、例外となる
　不定冠詞（ein）と不定冠詞類（mein 等）の男性＿＿格、中性＿＿格、＿＿格に注意すればいい

Übung1　次の定冠詞つき名詞を格変化させましょう

1．友だち（男）		2．家（中）		3．友だち（女）	
der Freund	die Freunde	das Haus	die Häuser	die Freundin	die Freundinnen

> 指示代名詞は付加語的用法では定冠詞と全く同じ変化　（S.22 参照）
>
> 　Sehen Sie **d e n**　Mann da!　あの男性をごらん！
>
> 名詞的用法 は S.83参照

男性弱変化名詞の変化

	単　数	複　数	
1 格	der Student	die Studenten	
2 格	des Studenten	der Studenten	単数 2 格の語尾に (e)s をつけない
3 格	dem Studenten	den Studenten	
4 格	den Studenten	die Studenten	

男性弱変化名詞

人　　　Junge 若者・少年　Mensch 人間　Kollege 同僚　Kamerad 仲間・同級生　Nachbar 隣人

　　　　Polizist 警察官　Patient 患者　Pilot パイロット　Journalist ジャーナリスト

動物　　Affe 猿　Bär 熊　Löwe（雄）ライオン　Rabe カラス

外来語　　Automat 自動販売機　Planet 惑星　Satellit 衛星・人工衛星

特殊なもの　　Herr 紳士（複数 Herren）　Name 名前（単数 2 格 Namens）　Wille（単数 2 格 Willens）

　　　　Herz 心（中性名詞 2 格 Herzens　3 格 Herzen　4 格 Herz　複数 Herzen）

Übung2　次の男性弱変化名詞を変化させましょう

1．人間		2．紳士	
der Mensch	die	der Herr	die

格の用法

1 格：主語「〜は」/ sein 動詞の述語「〜である」

2 格：所有「〜の」 原則は後置する 男性名詞・中性名詞⇒語尾に s または es

3 格：自動詞の目的語「〜に」 複数 3 格⇒語尾に n または en

4 格：他動詞の目的語「〜を」

1 格	Der Mann ist Arzt. その男性は医者だ / Das ist der Mann. これがその男性だ	
2 格	Der Sohn des Mannes ist mein Freund.	その男性の息子は私の友だちだ
3 格	Ich begegne dem Mann.	私はその男性に会う
4 格	Ich frage den Mann.	私はその男性を問う
3 格 + 4 格	Ich zeige dem Mann das Haus.	私はその男性にその家を見せる

☆ 3 格と 4 格の定冠詞付き名詞の語順は 3 格 + 4 格

☆ ドイツ語での動詞の定義：「4 格目的語をとる動詞は他動詞、それ以外は自動詞」

☆ 副詞的 4 格、副詞的 2 格：（前置詞なしで）副詞句として用いる

jeden Morgen 毎朝　 diese Woche 今週　 den ganzen Tag 一日中　 eines Tages ある日

Übung3　例にならって（　）内の単語の後の方を 2 格にし、日本語に合う文を書きましょう

例）　それはその女子学生のバッグです（e Tasche　e Studentin）Das ist die Tasche der Studentin.

1．それはその男性のペンです（r Stift　r Mann）＿＿＿＿＿＿＿＿＿＿＿＿＿＿＿＿＿＿＿＿＿

2．それはその学生のバッグです（e Tasche　r Student）＿＿＿＿＿＿＿＿＿＿＿＿＿＿＿＿＿＿

3．それはその女性の家です（s Haus　e Frau）＿＿＿＿＿＿＿＿＿＿＿＿＿＿＿＿＿＿＿＿＿＿

4．それはその男性たちの船です（s Schiff　pl. Männer）＿＿＿＿＿＿＿＿＿＿＿＿＿＿＿＿＿

5．それらはその学生たちの家々です（pl. Häuser　pl. Studenten）＿＿＿＿＿＿＿＿＿＿＿＿＿

Übung4　（　）の日本語に合うように単語に適切な定冠詞をつけて、＿＿＿＿ に書き入れましょう

1．Die Immobilienhändlerin zeigt ＿＿＿＿＿＿＿＿＿＿ ＿＿＿＿＿＿＿＿．（その男性にその部屋を）

2．Der Immobilienhändler zeigt ＿＿＿＿＿＿＿＿＿＿ ＿＿＿＿＿＿＿＿．（その男性たちにその部屋を）

3．Die Verkäuferin zeigt ＿＿＿＿＿＿＿＿＿＿ ＿＿＿＿＿＿＿＿．（その学生にそのスーツを）

4．Die Verkäuferin zeigt ＿＿＿＿＿＿＿＿＿＿ ＿＿＿＿＿＿＿＿．（その女性にそのスーツを）

5．Der Immobilienhändler zeigt ＿＿＿＿＿＿＿＿＿＿ ＿＿＿＿＿＿＿＿．（その学生たちにその住まいを）

e Immobilie 不動産　 r Händler 商人　 s Zimmer 部屋　 r Anzug スーツ　 e Wohnung 住まい

Übung5　（　　　）内の冠詞を適切な形にして入れましょう

1．Ich schicke ＿＿＿＿＿ Freund ＿＿＿＿＿ Brief.（mein　ein）

2．Schickst du ＿＿＿＿＿ Freundin ＿＿＿＿＿ Fotos per E-mail ?（dein　dieser）

3．＿＿＿＿＿ Jahr schenkt ihre Großmutter ＿＿＿＿＿ Eltern 20 Kilo Äpfel .（jeder ihr）

4．Im Netz begegnen wir selten ＿＿＿＿＿ Nachbarn.（unser）

5．Später begegnet Michael im Fitnessstudio vielleicht ＿＿＿＿＿ Nachbarin.（sein）

6．Ich finde ＿＿＿＿＿ Zimmer gut.（sein）

7．Wie findest du ＿＿＿＿＿ Wohnung?（ihr）

r Brief 手紙　 schicken 送る　 pl. Fotos 写真　 per 〜で　 schenken 贈る　 selten めったにない

r Nachbar（in）隣人　 später 後で　 s Fitnessstudio スポーツクラブ　 vielleicht ひょっとしたら

35

Übung6　（　）の定冠詞類を適切な形になおして入れ、和訳しましょう

1. _____ Zug fährt nach Nagano.　(dieser)
2. _____ Bus nimmst du?　(welcher)
3. _____ Kind bekommt ein Bilderbuch.（ jeder ）
4. _____ Mal bestehen manche Studenten die Prüfung.（ dieser ）
5. Das weiß _____.（ jeder ）
6. _____ Pläne gibt es schon länger her.（ solcher ）
7. _____ Weg ist falsch, _____ ist richtig.（ dieser,　jener ）
8. Das sind eine Löwin und ein Löwe, _____ hat die Mähne und _____ nicht.（dieser,　jener)
9. Max holt _____ Morgen _____ Vater _____ Zeitung.（ jeder,　sein,　定冠詞 ）
10. Peter liest _____ ganze Nacht Zeitschriften.（ 定冠詞 ）
11. _____ Anfang ist schwer.（ aller ）
12. _____ Zimmer sind belegt.（ aller ）
13. _____ Leute glauben die Nachricht.（ mancher ）

r Morgen 朝
e Nacht 夜
r Tag 日
e Woche 週
r Monat 月
s Jahr 年
s Mal 回

r Zug 列車　r Bus バス　bekommen 受け取る　s Bilderbuch 絵本　bestehen 合格する
e Prüfung 試験　wissen 知っている　r Plan 計画　schon すでに　länger her 長いこと　r Weg 道
falsch 誤っている　richtig 正しい　r Löwe（雄）ライオン　e Mähne たてがみ　holen 取ってくる
e Zeitung 新聞　e Zeitschrift 雑誌　r Anfang 始まり　schwer 難しい　belegt 予約済みの
pl. Leute 人々　glauben 信じる　e Nachricht 知らせ　r BMW（車）　kaputt 壊れた

Übung7　____ には定冠詞、_____ には右下の単語リストから適切な単語を入れましょう

1. _____ Mann da ist mein Onkel.
2. _____ Frau hier ist meine Tante.
3. _____ Auto dort ist ein BMW.
4. Wo ist meine Kamera? —— Keine _____.
5. Mein Auto ist kaputt. —— Kein _____ ! Wir nehmen Taxi.

s Problem 問題
e Idee 考え
e Ahnung 予感、予測

疑問代名詞

1格	wer	誰が	was	何が
2格	wessen	誰の	—	
3格	wem	誰に	—	
4格	wen	誰を	was	何を

r Herr　紳士　　　　r Mann　　夫
e Dame　婦人　　　　e Frau　　妻
e Hilfe　助け　　　　r Lehrer（in）教師
s Geschenk　贈り物　r Geldbeutel　財布
brauchen　必要とする　geben　与える

Übung8　（　　　）内の日本語を使い、疑問文に答える文章を書きましょう

1. Wer ist der Herr da? —（ 私の夫 ）_____
2. Wer ist die Dame dort ? —（ 彼の妻 ）_____
3. Wessen Hilfe brauchst du ? —（ 彼女の助け ）_____
4. Wem gibst du dieses Geschenk ? —（ 私の女友達 ）_____
5. Wen triffst du heute Abend ? —（ 君の先生 ）_____
6. Was ist deine Schwester von Beruf ? —（ 教師 ）_____
7. Was gibst du deiner Freundin ? —（ 財布 ）_____

was für ein ＋名詞「どんな」と welcher「どの」

・Was für ein ＋名詞：どんな（種類）の〜（名詞の性・数・格により ein が格変化する）

Was für ein Film läuft heute?　―― Ein Abenteuerfilm läuft heute.

　今日はどんな映画が上映されてるの?―― 冒険映画だよ

Was für einen Film sehen wir heute?　今日はどんな映画を観ようか

Was für Musik hörst du gern?　　　　どんな音楽を聴くのが好きなの?

　　☆「für ein ＋名詞」の部分を後置することもある　Was sehen wir heute für einen Film?

・Welchen Film sehen wir heute?　―― „Die Blechtrommel" von Schlöndorff sehen wir !

　　　　今日はどの映画を見ようか?―― シュレンドルフの『ブリキの太鼓』を観よう!

Welchen Bus nehmen wir ?―― Den Bus da. どのバスに乗るの?―― そこのあのバスだよ

Übung9 _____ に適切な冠詞を入れ、_____ には（　　）内の名詞を適切な形にして書き入れましょう

1．Was für _____ Hund haltet ihr? ―― Das ist _____. （r Dachshund ダックスフント）

2．Was für _____Wohnung haben Sie? ―― Ich habe _____. （s Einfamilienhaus 一戸建て住宅）

3．Was für _____ Hobby passt zu mir ? ―― Du bist sportlich, aber auch musikalisch.

4．Was für _____ Obst magst du gern? ―― Vor allem mag ich _____. （e Zitrusfrucht 柑橘類）

5．Welches _____ Obst kaufen wir heute? ―― _____ möchte ich. （e Orange オレンジ pl.Orangen）

halten 飼う　r Hund 犬
e Wohnung　住まい
zu jm passen 〜に合う
s Hobby 趣味
vor allem とくに　kaufen 買う

s Obst 果物　e Frucht 果実　r Saft ジュース
r Apfel りんご　r Pfirsich もも
e Ananas パイナップル　e Aprikose あんず　e Banane バナナ
e Birne 西洋ナシ　e Feige イチジク　e Erdbeere いちご
e Kirsche サクランボ　e Melone メロン　e Pflaume プラム
e Traube ぶどう　e Wassermelone スイカ
e Orange オレンジ　e Zitrone レモン　e Zitrusfrucht 柑橘類

Übung10　どの果物が好きか、友だちに質問しましょう

名詞を無冠詞で使う場合

1．職業・身分・国籍などを命名的に挙げるとき　　Ich bin Studentin.　Er ist Berliner.

2．不特定の複数（ein ＋名詞の、複数形の場合）　　Ich kaufe Bananen.　Haben Sie Kinder?

3．物質名詞（Gold）や集合名詞（Gemüse, Obst）Das ist aus Gold. Kaffee ist ein Gift.（一種の）毒だ

4．慣用句・熟語的表現　　　　Ich spiele Tennis.　Ich habe Hunger.　Ich gehe nach Hause.

人称代名詞								
	単　数				複　数			
	1人称	2人称	3人称			1人称	2人称	3人称	敬称
1格	ich	du	er	sie	es	wir	ihr	sie	Sie
2格	meiner	deiner	seiner	ihrer	seiner	unser	euer	ihrer	Ihrer
3格	mir	dir	ihm	ihr	ihm	uns	euch	ihnen	Ihnen
4格	mich	dich	ihn	sie	es	uns	euch	sie	Sie

他動詞：4格目的語をとる

自動詞：上記以外、主に3格目的語をとる（他に、前置詞句・2格目的語をとる、目的語なし等）

Übung1　（　）内の指示する人称代名詞を適切な形で入れましょう（他動詞か自動詞かに注意）

1．Der Rock da passt _____ gut.（あなた）

2．Die Hose hier steht _____ auch gut.（君）

3．Jeans stehen _____ nicht so gut.（彼女）

4．Das macht _____ Spaß！（私）

5．Peter sieht _____.（君）

6．Er hilft _____ immer.（君）

7．Helfen Sie bitte _____！（私）

8．Herr und Frau Jäger helfen _____ meistens.（私たち）

9．Ich frage _____ nach dem Weg.（彼）

10．Besuchen Sie _____ doch einmal!（私）

11．Morgen besuche ich _____.（あなた）

12．Ich treffe _____ immer freitags.　（彼女）

13．Wir treffen _____ morgen.（君たち）

14．Frau Schmidt begegnet _____ in Tokio.（彼）

15．Diese Pizza schmeckt _____ gut.（私たち）

16．Ich zeige _____ mein Zimmer.（君たち）

r Spaß
楽しみ

r Rock　スカート
e Hose　ズボン
pl. Jeans　ジーンズ

freitags
金曜日に

他動詞の例
4格 besuchen　4格を訪問する
4格 fragen nach et³　4格に質問する
4格 sehen　4格と会う
4格 treffen　4格と会う
3格4格 zeigen　3格に4格を示す

自動詞の例
前置詞句 + fahren　～へ行く
3格 helfen für et⁴　3格に手助けする
3格 begegnen　3格と（偶然）出会う
3格 gefallen　（主語が）3格に気に入る
3格 gehören　（主語が）3格のものだ
3格 gehen　（主語が）に似合う
3格 stehen　（主語が）に似合う
3格 passen　（主語が）に似合う
es geht 3格～　3格の調子が～だ

Übung2　日本語に合うように人称代名詞を入れましょう

1．Wie geht es _____?──Danke schön, es geht _____ gut.　（ご機嫌いかが：Sie へ──ありがとう、いいですよ）

2．Wie geht es _____?──Danke, es geht.　（調子はどう：du へ──まあまあだね）

3．Wie geht es seiner Mutter?── Es geht _____ gut.　（彼の母親の調子はどう──いいよ）

Übung3　gefallen を ＿＿＿ に入れ、＿＿＿ には適切な人称代名詞を入れましょう

例）Dieser Rock gefällt mir sehr.（私に）「私はこのスカートが気に入りました」

1．Wie ＿＿＿＿＿＿＿＿ es ＿＿＿＿＿ in Berlin?（あなたに）

2．Es ＿＿＿＿＿＿＿＿＿＿ hier in Berlin.（私に）

3．Tokio ＿＿＿＿＿＿＿＿ ＿＿＿＿＿ sehr.（彼に）

4．Diese Schuhe ＿＿＿＿＿＿＿＿ ＿＿＿＿ sehr.（彼女に）

5．Diese Pizza ＿＿＿＿＿＿＿＿＿＿ nicht.（私たちに）

6．Wie ＿＿＿＿＿＿＿＿ ＿＿＿＿ der Film?（君たちに）

7．Meine Haare ＿＿＿＿＿＿＿＿＿＿ gar nicht.（私に）

> pl. Schuhe　靴
> pl. Haare　髪の毛
> gar nicht
> 　全然〜ない

Übung4　gehören を使って文を作り、次に下線部分を人称代名詞になおした文にしましょう

1．そのペン（r Stift）は私の弟の（持ち物）です ＿＿＿＿＿＿＿＿＿＿＿ ⇒ ＿＿＿＿＿＿＿＿

2．その本（pl. Bücher）は彼の母のです ＿＿＿＿＿＿＿＿＿＿＿＿ ⇒ ＿＿＿＿＿＿＿

3．この車（s Auto）は誰のものですか ＿＿＿＿＿＿＿＿＿＿＿ ⇒ ＿＿＿＿＿＿

4．それは君たちのお父さんのものです ＿＿＿＿＿＿＿＿＿＿＿ ⇒ ＿＿＿＿＿＿

5．この人形（e Puppe）は彼女の娘のです ＿＿＿＿＿＿＿＿＿＿ ⇒ ＿＿＿＿＿＿

6．これらの人形（pl. Puppen）は誰のものですか ＿＿＿＿＿＿＿＿ ⇒ ＿＿＿＿＿＿

Übung5　schmecken や finden を使い、ドイツ語の文を作りましょう

1．その魚は美味しいですか（どのような味がするか）Wie＿＿＿＿＿＿＿＿＿＿＿＿＿＿

2．このビーフステーキは美味しいです（味がします）Das＿＿＿＿＿＿＿＿＿＿＿＿＿

3．そのチキンをどう思いますか Wie＿＿＿＿＿＿＿＿＿＿＿＿＿＿＿＿＿＿＿＿

4．私はそのスープを美味しくないと思います Ich＿＿＿＿＿＿＿＿＿＿＿＿＿＿＿＿＿

Übung6　Übung5の１の主語、３の４格目的語を変え、友だちに質問しましょう

> s Essen 食べ物
> s Fleisch 肉　r Fisch 魚　s Gemüse 野菜　r Salat サラダ菜、サラダ　s Obst 果物
> s Brot パン　r Reis ライス　pl. Nudeln 麺類　pl. Spaghetti スパゲッティ　e Pizza ピザ
> e Wurst ソーセージ（pl. Würste）　r Schinken ハム　s Hähnchen チキン
> s Steak ステーキ　s Rindersteak ビーフステーキ　s Schweinebraten ローストポーク
> e Suppe スープ　pl. Süßigkeiten 菓子　e Schokolade チョコレート
> r Kuchen ケーキ　r Käsekuchen チーズケーキ　r Apfelkuchen アップルケーキ　s Eis アイス

> 美味しい
> 　gut　schön
> 　fantastisch
> 美味しくない
> 　nicht so gut
> 甘い　süß
> 酸っぱい　sauer
> 辛い　scharf
> 苦い　bitter

> Getränke 飲み物（s Getränk）　r Alkohol アルコール
> r Kaffee コーヒー　r Tee 紅茶（grüner Tee 緑茶）　s Wasser 水（Mineralwasser ミネラルウォーター）
> e Milch ミルク　r Saft ジュース　r Apfelsaft リンゴジュース　r Orangensaft オレンジジュース　s Cola コーラ
> e Limonade レモネード　r Spezi コーラのオレンジジュース割　e Apfelschorle アップルジュースの炭酸割
> s Bier ビール　r Wein ワイン（Rotwein 赤ワイン　Weißwein 白ワイン）　r Sake 日本酒

3格と4格の語順	その男性は彼の息子に1本のペンを贈ります	※情報価値の高いもの、未知の情報であるほど文末に置く
3格名詞 + 4格名詞	Der Mann schenkt seinem Sohn einen Stift.	
3格人称代名詞 + 4格名詞	Der Mann schenkt ihm einen Stift.	
4格人称代名詞 + 3格名詞	Der Mann schenkt ihn seinem Sohn.	
4格人称代名詞 + 3格人称代名詞	Der Mann schenkt ihn ihm.	

Übung7　日本語に合うドイツ文を作り、次に下線部を人称代名詞に変えて書きましょう

1．私は私の友だち（r Freund）に花（pl. Blumen）と1本のワイン（eine Flasche Wein）を贈ります

_____ ⇒ _____

2．私は私の友だち（e Freundin）に1冊の本（s Buch）を贈ります

_____ ⇒ _____

3．私は私の友だちたち（pl. Freunde）に花束（r Strauß）を贈ります

_____ ⇒ _____

4．彼の叔父さんはその子どもたちに絵本（pl.Bilderbücher）を贈ります

_____ ⇒ _____

不定代名詞　ある人（物）

	男性	中性	女性	複数
1格	einer	ein(e)s	eine	welche
2格	eines	eines	einer	welcher
3格	einem	einem	einer	welchen
4格	einen	ein(e)s	eine	welche

> dieser 型の変化をする
>
> ☆ keiner　meiner なども
> 同様に格変化させて用いる

・既出の名詞を受ける（英語の one）

Hast du ein Auto? — Ja, ich habe ein(e)s.　君は車を持っているの？—　ええ、持ってるよ

Nein, ich habe kein(e)s.　　　　　　　　　 —　いや、持ってないよ

Ist das dein Auto? — Ja, das ist meins.　これは君の車なの？—　ええ、私のだよ

Nein, das ist seins.　　　　　　　　　　 —　いいや、彼のだよ

※名詞そのものを受ける時は人称代名詞などで受ける

Kaufst du das Auto? —Ja, ich kaufe es.　君はその車を買うの？—　ええ、それを買うよ

・単独での用法　Keiner kauft das Auto.　誰もその車を買わない

Übung8　下線部に不定代名詞を入れましょう（3、4は否定文にする）

1．Mein Wörterbuch ist weg. Hast du _____?

2．Haben Sie einen Bierkrug ?　——　Ja, zu Hause habe ich _____.

3．Wann kommt Peter denn heute ? _____ weiß es.

4．Ich kenne _____von ihnen.

5．Im Laden gibt es viele Souvenirs. Kaufst du _____?

> weg　なくなる　　r Krug　ジョッキ
> zu Hause　家に　　kennen　知っている
> pl. Souvenirs　土産　　r Laden　店

40

不定代名詞

man 漠然とした人（後続の文でも er ではなく man で受ける）　3 格 einem／4 格 einen

Heute spielt man die „Zauberflöte" von Mozart.　今日はモーツァルトの『魔笛』が上演されます

jemand　誰か

niemand　誰も～でない　㊂nobody

jedermann　誰でも

etwas　あるもの、こと　㊂something

　etwas 形容詞 + es　なにか～なもの

nichts　何も～ない　㊂nothing

　nichts 形容詞 + es　なにも～でないもの

Übung9　次の文を和訳しましょう

1．Sonntags schläft man länger. ＿＿＿＿＿＿＿＿＿＿＿＿＿＿＿＿＿＿

2．In Deutschland isst man gern Milchreis, in Japan eigentlich nicht. ＿＿＿＿＿＿＿＿

3．Die 9. Symphonie spielt man heute Abend in Akasaka. ＿＿＿＿＿＿＿＿＿＿

4．Hat jemand sonst noch Fragen? ＿＿＿＿＿＿＿＿＿＿＿＿＿＿＿＿＿

5．Niemand antwortet mehr. ＿＿＿＿＿＿＿＿＿＿＿＿＿＿＿＿＿＿＿

sonntags 日曜日に　länger 長めに　e Symphonie 交響曲　r Milchreis ミルクライス　eigentlich 本来は
sonst 他に　noch なお　e Frage 質問　antworten 答える　否定詞 + mehr もはや～ない

Übung10　適切な不定代名詞（jemand、niemand、jedermann、etwas、nichts）を入れましょう

1．＿＿＿＿＿ klopft an der Tür.　　　　　　　誰かがドアをノックしている

2．＿＿＿＿＿ s Freund ist ＿＿＿＿＿ s Freund.　八方美人は誰の友でもない

3．Gibt es ＿＿＿＿ Neues?　　　　　　　　何か新しいことはありますか
　　── Nein, ＿＿＿＿ Besonderes.　　　　　　── いいえ、とくに何も

4．Ich möchte ＿＿＿＿＿ zu trinken.　　　　　何か飲み物がほしいなあ

冠詞と代名詞等の 2 格と 3 格

		男性・中性 2 格	男性・中性 3 格	女性・複数 2 格、女性 3 格	複数 3 格
	定冠詞　指示代名詞	des	dem	der	den
定冠詞類	指示冠詞（この）	dieses	diesem	dieser	diesen
	疑問冠詞（どの）	welches	welchem	welcher	welchen
	疑問代名詞※	wessen	wem		
	不定冠詞（1 つの）	eines	einem	einer	無冠詞
不定冠詞類	否定冠詞（英 no）	keines	keinem	keiner	keinen
	所有冠詞（私の）	meines	meinem	meiner	meinen
	〃　（あなたの）	Ihres	Ihrem	Ihrer	Ihren
	人称代名詞（3 人称）	seiner	ihm	ihrer	ihnen

※ wessen、 wem は性別にかかわらず「誰の、誰に」の意味で用いる（単数扱い）

41

いろいろな ihr に注意！

人称代名詞	ihr（君たちは＝1格）	ihr（彼女に＝sie の3格）
所有冠詞（語尾変化する）ihr（彼女の）	ihr（彼ら / 彼女ら / それらの）	Ihr あなた（たち）の

Übung11　ihr の違いに注意して、和訳しましょう

1．Habt ihr ihre Nachricht? _____

2．Wer von euch ist ihr ähnlich? _____

3．Wen trefft ihr morgen? —— Wir treffen ihn. _____

4．Wessen Tasche ist das? —— Das ist ihre Tasche. _____

5．Wem schicken Sie was? —— Ich schicke ihr Ihren Brief. _____

> e Nachricht　知らせ、消息
> 3格 ähnlich sein　～に似ている
> treffen 会う　r Brief 手紙

Übung12　_____に指定された単語を入れましょう（2格をとる形容詞、動詞を使った文章）

1．Er ist _____ mächtig. (e Fremdsprache 外国語)　2格 + mächtig sein：「～を意のままに用いる」

2．Vergiß _____ nicht！（私）　　　　　　　　2格 + vergessen：「（詩的言い回しで）～を忘れる」

非人称主語の es

☆心理的・身体的現象を表す（3格が文頭に来たとき es は省略可能）

　Es ist mir kalt/ warm/ heiß. (= Mir ist kalt)　私は寒い / 暖かい / 暑い

　Es friert mich. (= Mich fliert.)　私は凍えている

☆動詞の表す動作・状態に重点を置く表現

　動作主に重きを置かない（es は省略できない）

　Es klopft an der Tür.　ドアをノックする音がする

　Es klingelt zur Pause.　休み時間のベルが鳴る

　Es blüht im Garten.　庭では花盛りだ

　Es riecht nach Fisch.　魚のにおいがする

　Es stinkt nach Gas.　ガスの臭いがする

> ☆非人称の es を使った熟語
> es gibt + 4格　～がある
> es geht + 3格 + 形容詞　機嫌 / 体調が～だ
> es fehlt an et^3　～を欠いている（～がない）
> es tut mir leid　気の毒です / 残念です
> es handelt sich bei et^3 ～ um et^4 —
> 　　　　　　　　—が問題だ / ～は…だ

Übung13　次の文を和訳しましょう

1．Mir schwindelt. _____

2．Es schaudert mich. _____

3．Es gibt zwei Möglichkeiten. _____

4．Es fehlt mir an Mut. _____

5．Es handelt sich dabei um ihr Geld. _____

6．Es tut mir wirklich leid, aber ich kann es nicht. _____

> schwindeln　めまいがする
> schaudern　身震いする
> e Möglichkeit　可能性
> r Mut 勇気　wirklich 本当に
> ich kann ～　～できる
> dabei その際に　s Geld 金

Lektion 18　2格支配・3格支配・4格支配の前置詞

2格支配の前置詞

(an) statt 〜の代わりに　trotz 〜にもかかわらず　wegen 〜のために、〜のゆえに　während 〜の間ずっと
außerhalb 〜の外で、〜以外の時に　innerhalb 〜の内で、〜以内に

Übung1　（　　　）内の語句を適切な形に直して ＿＿＿＿＿ に入れ、和訳しましょう

1. ＿＿＿＿＿＿＿＿＿ machen wir Reise nach Deutschland.（während, pl. Sommerferien）
2. ＿＿＿＿＿＿＿＿＿ fahren die Züge heute noch nicht.（wegen, der Schnee）
3. ＿＿＿＿＿＿＿＿＿ arbeitet sie im Garten.（trotz, der Regen）
4. Meine Familie wohnt ＿＿＿＿＿＿＿＿＿.（außerhalb, die Stadt）
5. ＿＿＿＿＿＿＿＿＿ spielen die Kinder.（innerhalb, das Haus）
6. ＿＿＿＿＿＿＿＿＿ antwortet er.（statt, sein Vater）

> e Reise 旅行　Sommerferien（pl.）夏休み
> r Zug 列車　noch なお　r Schnee 雪
> im Garten 庭で　r Regen 雨
> e Stadt 街　antworten 答える

3格支配の前置詞

aus 〜（の中）から、〜の外へ　bei 〜の近くで、〜のところで、〜の際に　zu 〜へ、〜に
gegenüber（しばしば後置）〜と向かい合って、〜に対して　mit 〜共に、〜を使って　seit 〜以来
nach 〜へ、〜の後で、〜によれば（しばしば後置）　entgegen（しばしば後置）〜に向かって、背いて
von 〜の、〜から、〜に関して　außer 〜の他に、〜を除いて、〜以外の時に

Übung2　（　　）内の語句を適切な形に直して ＿＿＿ に、融合形を ＿＿＿ に入れましょう

1. Er sucht den Wein aus ＿＿＿＿＿.（das Jahr 1965）
2. Nach langer Zeit gehe ich aus ＿＿＿＿＿.（das Haus）
3. Das Rathaus steht ＿＿＿＿＿ gegenüber.（die Kirche）
4. Der Parkplatz liegt bei ＿＿＿＿＿.（das Rathaus）
5. Seit ＿＿＿＿＿（ein Monat）bleibt Thomas bei ＿＿＿＿＿.（sein Onkel）
6. Fahren Sie mit ＿＿＿＿＿?（das Auto）—— Nein, mit ＿＿＿＿＿.（die Bahn）
7. Komm doch mit ＿＿＿＿＿!（dein Freund）
8. Ich bin mit ＿＿＿＿＿ beschäftigt.（die Arbeit）
9. Nach ＿＿＿＿＿ schläft er immer.（das Essen）
10. Ich frage ihn nach ＿＿＿＿＿ zu ＿＿＿＿＿.（der Weg, das Kaufhaus）
11. Seit ＿＿＿＿＿ bleibe ich zu Hause.（3 Tage）
12. Nimm das Buch von ＿＿＿＿＿!（das Regal）
13. Hast du Fieber? Geh doch zu ＿＿＿＿＿!（der Arzt）

> **前置詞と定冠詞の融合形**
> bei dem → beim
> von dem → vom
> zu dem → zum
> zu der → zur

> mit + 3格 beschäftigt sein
> 〜に忙しい

> s Jahr 年　r Monat 月
> e Woche 週　r Tag 日

> lang 長い　e Zeit 時間　bleiben 滞在する　s Auto 車　e Bahn 列車
> fragen 尋ねる　r Weg 道　schlafen 眠る　s Regal 棚　r Arzt 医者

Übung3　＿＿＿＿＿に適切な前置詞を入れましょう

1. Der Zug fährt ＿＿＿＿＿ München ＿＿＿＿＿ Berlin.
2. Ich esse gern alles ＿＿＿＿＿ Fisch.
3. Unser Auto fahren ＿＿＿＿＿ der Sonne.
4. Der Geldautomat ist vorübergehend ＿＿＿＿＿ Betrieb.
5. Meiner Meinung ＿＿＿＿＿ ist das System schon kaputt.

> alles すべてのもの　e Sonne 太陽　s Geld お金
> r Automat 自動販売機　vorübergehend 一時的に
> r Betrieb 企業／運転　e Meinung 意見
> kaputt 故障している

Übung4 （　　　　　）内の語句を適切な形に直して ＿＿＿＿＿ に入れましょう

1．Er geht durch ＿＿＿＿＿. (der Park)

2．Gehen Sie etwa 5 Minuten ＿＿＿＿＿ entlang. (die Straße)

3．Peter arbeitet bis in die Nacht für ＿＿＿＿＿. (das Examen)

4．Das sind die Blumen für ＿＿＿＿＿. (dein Mutter)

5．Sie kämpfen gegen ＿＿＿＿＿. (der Krieg)

6．Ohne ＿＿＿＿＿ schaffe ich das nicht. (sein Hilfe)

7．Ich trinke gern Kaffee ohne ＿＿＿＿＿. (der Zucker)

8．Die Erde dreht um ＿＿＿＿＿. (die Sonne)

Übung5 下線部に ab、bis、per、von、zum、zur を入れましょう

1．＿＿＿＿＿ wann dauert die Ausstellung? —— ＿＿＿＿＿ Sonntag.

2．Schicken Sie ＿＿＿＿＿ Luft oder ＿＿＿＿＿ Schiff?

3．Hier arbeiten die Jungen ＿＿ 18 Jahre ＿＿ montags ＿＿ freitags.

4．Die Straße führt ＿＿＿＿＿ Bahnhof.

5．Wie komme ich ＿＿＿＿＿ Uni?

6．Also ＿＿＿＿＿ morgen, tschüs!

Übung6 （　　　　）の単語を適切な形に直して ＿＿＿＿＿ に入れましょう

1．Er sorgt für ＿＿＿＿＿. (die Kinder)

2．Ich gratuliere dir zu ＿＿＿＿＿. (der Geburtstag 誕生日)

3．Sie träumt immer von ＿＿＿＿＿. (der Erfolg 成功)

4．Ich frage ihn nach ＿＿＿＿＿. (die Ursache 原因)

5．Ich danke Ihnen für ＿＿＿＿＿. (Ihr Anruf 電話)

6．Ich halte ＿＿＿＿＿ für ehrlich. (er)

7．Ich trinke einen Kaffee ohne ＿＿＿＿＿. (r Zucker)

8．Ich möchte eine Tasse Tee mit ＿＿＿＿＿. (e Zitrone)

9．Ich hätte gerne ein Stück Käsekuchen mit ＿＿＿＿＿. (e Sahne)

10．Im Café nimmt er normalerweise ein Glas Wasser ohne ＿＿＿＿＿. (e Kohle)

44

3・4格支配の前置詞

an	～の際に・で / へ　～に接して（時間的）～に
auf	～上に・で / へ
hinter	～の後ろに・で / へ
in	～の中に・で / へ
neben	～の隣に・で / へ　～の横
über	～の上方に・で / へ　～を超えて　～について
unter	～の下に・で / へ
vor	～の前に・で / へ（時間的）～の前に
zwischen	～の間に・で / へ

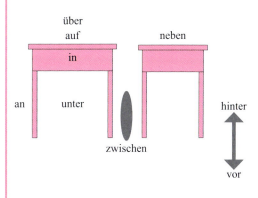

3格＝どこで（wo ～？に対応）　　場所を指すときには3格支配

　　Wo arbeiten Sie?　――　Ich arbeite in der Stadt.

　　どこで働いていますか　――　街で働いています

4格＝どこへ（wohin ～？に対応）　運動の方向を示すときは4格支配

　　Wohin gehen Sie?　――　Ich gehe in die Stadt.

　　どこへ行くのですか　――　街へ行きます

in die Stadt

in der Stadt

Übung1 （　　　）内の語句を適切な形にしましょう

1．Im Urlaub fahren wir an _____. (die See).

2．Sein Haus steht an _____. (die See)

3．Meine Katze schläft nachts unter _____. (der Tisch)

4．Beim Frühstück springt meine Katze auf _____. (der Tisch)

5．Hinter _____ (das Hotel) liegt der Parkplatz.

6．Um 8 Uhr geht das Kind in _____. (das Bett)

7．Ich wohne in einem Wohnhaus neben _____. (die Bibliothek)

8．Manche Flüchtlinge gehen über _____. (die Grenze)

9．Das Dorf liegt zwischen zwei _____. (der Berg)

10．Die Grenze verläuft zwischen _____. (der Staat)

11．Das Taxi kommt vor _____ an. (das Hotel)

12．Fahren Sie direkt vor _____ (das Hotel)！

an das → ans	in das → ins
an dem → am	in dem → im

「出現・消失」を表す文では
場所の表示は「静止」

r Urlaub 休暇

e See 海　r See 湖

r Tisch 机、テーブル

s Frühstück 朝食

springen 跳ぶ

e Bibliothek 図書館

r Flüchtling 難民

e Grenze 国境

verlaufen 走る、通る

s Dorf 村

r Berg 山 pl.-e

r Staat 国家 pl.-en

direkt 直接、すぐに

s Meer 海

e Burg 城塞

s Schloss 宮殿

s Theater 劇場

Übung2　（　　）に am、ans、ins、im、von を入れましょう

1．Die Sonne geht（　　）Osten auf und（　　）Westen unter.

2．Frankfurt a.m. liegt（　　）Westen（　　）Deutschland.

3．Frankfurt a.d.o liegt（　　）Osten（　　）Deutschland.

4．Viele Deutsche fahren im Sommer（　　）Mittelmeer.

5．（　　）Rhein gibt es viele Burgen und Schlösser.

6．In Deutschland geht man oft（　　）Theater.

```
            Nord（en）
              ↑
West（en） ←  +  → Ost（en）
              ↓
            Süd（en）
```

3・4格支配の前置詞と自動詞・他動詞の相関関係

　　　　1 格 ＋自動詞＋<u>前置詞＋3 格目的語</u>

　　　　主語（人）＋他動詞＋*4 格*＋<u>前置詞＋4 格目的語</u>

liegen　⾃（横たわる・横に置いてある）：Das Buch liegt auf dem Tisch. 本は机の上にある

legen　⾃（横たえる・横にしておく：Ich lege das Buch auf den Tisch. 私は本を机の上に置く

stehen　⾃（立っている・立てて置いてある）　sitzen　⾃（座っている・据えつけてある）

stellen　⾃（置く・立てて置く）　　　　　　　setzen　⾃（座らせる・据えつける）

hängen　⾃（掛かっている）hängen　⾃（掛ける）

Übung3　日本語訳を参考に ＿＿＿ に動詞を、＿＿＿ に冠詞や前置詞を適切な形で入れましょう

1．Ich ＿＿＿＿＿＿ das Wörterbuch ＿＿＿ ＿＿＿ Regal.　私は辞書を棚に（立てて）置く

2．Das Wörteubuch ＿＿＿＿＿＿ ＿＿＿ ＿＿＿ Regal.　辞書は棚に立って置いてある

3．Mein Baby ＿＿＿＿＿＿ ＿＿＿ ＿＿＿ Stuhl.　私の赤ちゃんは椅子に座っている

4．Ich ＿＿＿＿＿＿ mein Baby ＿＿＿ ＿＿＿ Stuhl.　私は赤ちゃんを椅子に座らせる

5．Ich ＿＿＿＿＿＿ das Bild gerade ＿＿＿ ＿＿＿ Wand.　私は絵を壁にまっすぐに掛ける

6．Das Bild ＿＿＿＿＿＿ schief ＿＿＿ ＿＿＿ Wand.　絵は壁に斜めに掛かっている

7．Ich ＿＿＿＿＿＿ ＿＿＿ ＿＿＿ Sofa.　私はソファーに寝そべっている

8．Ich ＿＿＿＿＿＿ mich ＿＿＿ ＿＿＿ Sofa.　私はソファーに寝そべる

Übung4　右下の部屋について、ドイツ語で説明を続けましょう

Neben dem Fenster hängt ein Bild.

Das Bett ist vor dem Fenster.

_____

_____

_____

_____

_____

_____

```
                                    ┌──────────────┐
                                    │  r Balkon    │
            ┌──────┐  ┌──────┐      ├──────────────┤
            │      │  │      │      │ r Fernseher  │
    ↑ s Fenster   s Bild ↑         e Lampe ↓
  ┌─────────────────────┐          ●
  │                     │        ┌────────┐
  │      s Bett         │        │        │
  │                     │        │ r Tisch│
  │                     │  ○      │        │
  └─────────────────────┘        └────────┘
        r Teppich →
  ┌──────────┐  ┌──────────┐
  │ r Schrank│  │ s Regal  │   eTür ↓
  └──────────┘  └──────────┘
```

Übung5　自分の今の部屋、あるいは理想の部屋の家具の配置を説明するドイツ語文を作りましょう

作った文章をもとに友だちと会話し、
それぞれの部屋をスケッチしましょう
実際の間取りを正確に再現できましたか

_____
_____
_____
_____
_____

Möbel 家具　/　Elektrische Haushaltsgeräte 家電

男性名詞　　Tisch 机　Schreibtisch 書き物机　Esstisch 食卓　Stuhl 椅子　Schrank たんす　Sessel 安楽椅子
　　　　　　Kühlschrank 冷蔵庫　Fernseher テレビ　Computer コンピューター　CD-Spieler CD プレーヤー
　　　　　　Teppich じゅうたん　Vorhang カーテン　Boden 床　Abfalleimer ゴミ箱

中性名詞　　Bett ベット　Regal 棚　Bücherregal 本棚　Sofa ソファー　Fenster 窓　Bild 絵
　　　　　　Laptop ノートパソコン　Fernsehen テレビ　Telefon 電話　Radio ラジオ　Handy 携帯電話

女性名詞　　Lampe 灯り　Kommode 整理箪笥　Uhr 時計　Tischlampe 卓上スタンド
　　　　　　Tür 戸　Wand 壁　Kamera カメラ

Übung6　下の説明を読んで、a～jの部屋を特定しましょう

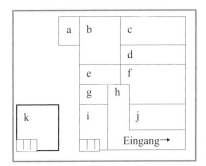

s Wohnzimmer 居間
s Esszimmer ダイニング
s Schlafzimmer 寝室
s Arbeitszimmer 仕事部屋
s Kinderzimmer 子供部屋
s Badezimmer 浴室
r Eingang 入口、玄関

r Balkon ベランダ　e Küche キッチン
führen zu 通じる
s Dachgeschoss 屋階（屋根裏）
e Treppe 階段　r Flur 玄関、廊下
pl. Sachen もの
z. B. ＝ zum Beispiel 例えば

Es gibt zwei Arbeitszimmer. Das Wohnzimmer hat einen Balkon. Das Esszimmer ist zwischen dem Wohnzimmer und der Küche. Ins Schlafzimmer geht man nur vom Wohnzimmer. Das Kinderzimmer ist direkt neben dem Schlafzimmer. Ein Arbeitszimmer ist neben dem Kinderzimmer. Gegenüber einem Arbeitszimmer ist das Bad. Der Eingang führt durch den Flur zu den 5 Zimmern, auch zum Bad. In diesem Arbeitszimmer ist die Treppe.Die Treppe führt zu dem Dachgeschoss. Dort kann man viele Sachen, z. B. alte Fahrräder, legen.

前置詞と人称代名詞の融合形

・人の場合は前置詞＋人称代名詞

Ich warte auf Peter. ⇒ Ich warte auf ihn.

私はペーターを待っている⇒ 私は彼を待っている

・物の場合は da / dar ＋前置詞 （da は指示代名詞）

Ich warte schon lange auf seine Antwort. ⇒ Ich warte darauf.

私はもう長いこと彼の返答を待っている⇒私はそれを待っている

Übung7　例にならって下線部を書き換えましょう

例）　Der Erfolg hängt <u>vom Wetter</u> ab. ＿＿＿davon

1．Ich bin <u>mit meinen Hausaufgaben</u> schon fertig. ＿＿＿＿＿	r Erfolg 成功
2．Achten Sie <u>auf Ihren Sohn</u>! ＿＿＿＿＿	von et³ abhängen 〜に依拠する
3．In vielen Zeitungen ist <u>von dem Unfall</u> die Rede. ＿＿＿＿	mit et³ fertig sein 〜を済ませる
4．Ich habe <u>mit meinem Onkel</u> nicht mehr zu tun. ＿＿＿＿	auf et⁴ achten 〜に注意する
5．Wir sprechen gerade <u>über deine Frau</u>. ＿＿＿＿＿	e Zeitung 新聞　r Unfall 事故
6．Wann fängst du <u>mit deiner Arbeit</u> an? ＿＿＿＿＿	von et³ die Rede sein 〜が話題になっている

von et³ die Rede sein 〜が話題になっている

mit et³ zu tun haben 〜と関係がある

über et⁴ sprechen 〜について話す

mit et³ anfangen 〜を始める

前置詞のついた語句を質問する疑問文

・人の場合は前置詞＋ wem /wen

Mit wem fährst du nach Tokio? —— Mit meinem Vater.　誰と東京へ行くの？——父とだよ

・物の場合は wo/ wor ＋前置詞 （wo は was の変形）

Womit fährst du nach Tokio? —— Mit dem Auto. どんな手段で東京へ行くの？——車でだよ

Übung 8　下線部を尋ねる疑問文を作りましょう

1．Die Blumen sind <u>für deine Schwester</u>. ＿＿＿＿＿	aus et³ bestehen　〜から成りたつ
2．Tofu besteht <u>aus Soja</u>. ＿＿＿＿＿	auf et³ bestehen　〜を主張する
3．Günter fährt <u>mit der Bahn</u> ab. ＿＿＿＿＿	in et³ bestehen　（本質が）〜にある
4．Er besteht <u>auf dem Recht seiner Meinung</u>. ＿＿＿＿	e Soja 大豆　r Tofu 豆腐　e Bahn 鉄道
5．Das Problem besteht <u>in der Difinition des Wortes</u>. ＿＿＿	s Recht 正当性　e Meinung 意見
6．Ich nutze das Internet <u>für E-Mails</u>. ＿＿＿＿＿	s Problem 問題　e Definition 定義

s Wort 言葉　nutzen 使用する

Lektion 20　数詞（序数）/ 時と場所の表現 / 否定語

数詞（序数）	1.～19. までは原則的に基数 +t		
	20. 以上は基数 +st		
1.	erst	11.	elft
2.	zweit	12.	zwölft
3.	dritt	13.	dreizehnt
4.	viert	14.	vierzehnt
5.	fünft	15.	fünfzehnt
6.	sechst	16.	sechzehnt
7.	siebt	17.	siebzehnt
8.	acht	18.	achtzehnt
9.	neunt	19.	neunzehnt
10.	zehnt	20.	zwanzigst
		21.	einundzwanzigst
100.	hundertst	30.	dreißigst

序数を使った表現：日付

Der wievielte ist heute?　今日は何日ですか
Heute ist der 3.（dritte）Mai.　5月3日です
am 1.（ersten）（Tag）　1日に
am 19.（neunzehnten）　19日に
am 23.（dreiundzwanzigsten）　Juli 1987
　　　　　　1987年7月23日に

階：im ersten（zweiten）Stock　2（3）階で
通り：die erste（zweite / dritte）Straße
　　　　　最初の（2番目の / 3番目の）通り
角：an der ersten（zweiten / dritten）Ecke
　　　　　最初の（2番目の / 3番目の）角を
交差点：an der ersten（T-）Kreuzung
　　　　　最初の交差点（T字路）を

Übung1　『さくら』デパートの案内を読み、下記の品物を販売している階に記入しましょう

Kaufhaus „Kirsche" ist vierstöckiges Haus. Also gibt es in diesem Haus fünf Etagen. Das Erdgeschoss ist für Jungen. Dort befindet sich das Reisebüro. Im ersten Stock verkauft man die Damenbekleidung. Im zweiten Stock sieht man die Herrenbekleidung. Das dritte Stock ist die Kinderwelt. Sportartikel sind auch dort. Ganz oben gibt es ein Restaurant. Dort kauft man auch Bücher und Schreibwaren. Im Untergeschoss verkauft man Lebensmittel.

s Erdgeschoss 1階（地上階）
r Stock 階（pl.Stockwerke）
s Geschoss 階
e Etage 階　r Keller 地下室
　—stöckig ～階建ての

4. Stock	
3. Stock	
2. Stock	
1. Stock	Kostüm
EG（Erdgeschoss）	
UG（Untergeschoss）	Zwiebel

also つまり　sich⁴ befinden ～がある　s Reisebüro 旅行社
e Welt 世界　r Artikel 品物、記事　auch ～も　ganz 全く
oben 上に　pl. Lebensmittel 食料品　e Kartoffel じゃがいも
s Spielzeug おもちゃ　r Prospekt パンフレット　e Zwiebel 玉葱

Anzug　Stift　Spielzeug　Prospekt　Wein
Rock　Wörterbuch　Kartoffel　Tennisball
Lederhose　Heft　etwas zu essen

時間的表現のまとめ　時刻 ⇒ um　曜日・日 ⇒ an　季節 ⇒ in　行事 ⇒ zu

[時刻] um	[時間帯] an	[曜日] an	[月 / 季節] in
um 7（Uhr） 　7 時に	am Morgen 朝に	am Sonntag 　日曜日に	im März 3 月に 　[Monat]
um 10 vor 7 　7 時10分前に	am Mittag お昼に	am Wochenende 　週末に	Januar 1 月
um 10 nach 7 　7 時10分後に	am Vormittag 午前中に	amWochentag 　週日 / ウィークデイに	Februar 2 月
UmViertel nach 7 　7 時15分に	am Nachmittag 午後に	[Woche]	März 3 月
um halb 8 　7 時半に	am Tag 日中に	Montag 月曜日	April 4 月
gegen 7 Uhr 　7 時ごろに	am Abend 夕方に	Dienstag 火曜日	Mai 5 月
Von10 bis12 　10時から12時まで	in der Nach 夜中に 　小文字 s ＝副詞 　　morgens 朝に 　　nachmittags 午後に	Mittwoch 水曜日	Juni 6 月
	heute 今日	Donnerstag 木曜日	Juli 7 月
	morgen 明日に	Freitag 金曜日	August 8 月
	gestern 昨日	Samstag /	September 9 月
	vorgestern 一昨日	Sonnabend 土曜日	Oktober 10月
	morgen früh 明日朝に	Sonntag 日曜日	November 11月
	heute früh 今朝	（略 Mo. Di. Mi. Do.	Dezember 12月
[年]	副詞的 4 格	Fr. Sa. So.）	im Sommer　夏に 　[vier Jahreszeiten]
2016	jeden Tag 毎日		Frühling 春
im Jahr 2016 　2016年に	jeden Morgen 毎朝	[祭日・行事]　zu	Sommer 夏
	den ganzen Tag 一日中	zu Weihnachten 　クリスマスに	Herbst 秋
	die nächste Woche 来週	zu Ostern 　復活祭に	Winter 冬
× in 2016			im Urlaub 休暇に in den Ferien（学校）休暇に

場所・方向の前置詞　nach ＋地名　zu et³/ in et³ ⁴＋普通名詞　auf et³ ⁴＋公共の建物　an et³ ⁴＋水辺

	方向（〜へ）		場所（〜で）
普通名詞	in die Schule 　学校へ 　（行く / 進学する） ins Kino 映画館へ 　（映画を見に）	zur Schule 学校へ zur Uni 大学へ（通う） zum Bahnhof 駅へ zum Kino 映画館へ 　（建物へ）	in der Schule 学校で am Bahnhof / Kiosk 　駅 / キオスクで an der Uni 大学で（教える / 学ぶ） auf der Schule　学校で（学ぶ）
人	zum Arzt 医者へ	zu mir 私のところへ	bei mir 私のところで
公共の建物 （本来的な営み）	auf die Post/Bank　郵便局 / 銀行へ	e Bank/ s Rathaus /r Markt 銀行 / 市役所 / 市場など	auf der Post/Bank 郵便局 / 銀行で
際 / 入れない場所	an die See 海辺へ　an den See 湖へ		an der See 海辺で am See 湖で
地名	nach Berlin ベルリンへ		in Berlin ベルリンで
国	※国（中性）へ nach Deutschland		国（中性）で in Deutschland
	女性名詞・男性名詞・複数名詞の国名には定冠詞をつける 国（女性）へ in die Schweiz（Türkei） 国（男性）へ in den Irak（Iran） 国（複数）へ in die USA（Niederlande）		国（女性）で in der Schweiz（Türkei） 国（男性）で im Irak（Iran） 国（複数）で in den USA（Niederlanden）
※家	家へ　　　nach Haus（e）		家で　　　zu Haus（e）

Übung2　____に適切な前置詞や定冠詞を入れましょう

1．Wochentags gehe ich ____ 7 Uhr ____ Schule. ____ Wochenende bin ich ____ Hause.

2．Morgen frühstücke ich ____ Bahnhof , fahre ____ Yokohama und gehe ____ ____ Sporthalle.

3．____ Nachmittag _____ 5 komme ich _____ Hause zurück.

4．____ Samstag findet ein Konzert ____ dem Marktplatz statt. Es fängt ____ halb 6 Uhr an.

5．Herr Nakata fährt ____ Dezember ____ Europa und bleibt ____ Weihnachten _____ Schweiz.

6．____ ____ Sommerferien verbringe ich ____ ____ Nordsee.

7．Hast du Zeit? Dann gehen wir ____ Kino! —— Leider gehe ich ____ Tag ____ Zahnarzt.

8．Wie lange dauert es ____ ____ Bibliothek bis ____ Tierpark? —— ____ Fuß brauchst
du 30 Minuten, aber ____ ____ U-Bahn nur 5 Minuten.

> statt|finden 開催する
> verbringen 過ごす
> e U-Bahn 地下鉄
> brauchen 必要とする

Übung3　序数、Straße、Ecke、Kreuzung などを使った道案内の文章を作りましょう（s.S.19）

例）„Wie komme ich zum Bahnhof ?"

　　„Gehen Sie die erste Straße links, dann an der Kreuzung rechts, dann immer geradeaus !"

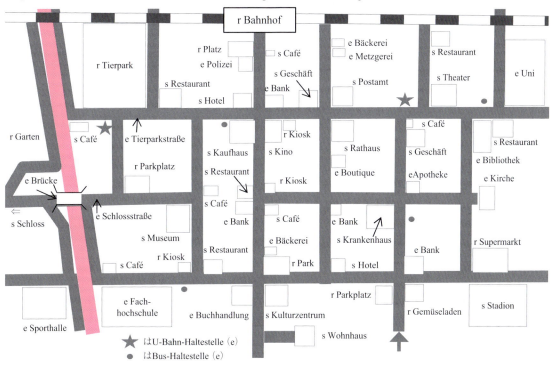

★はU-Bahn-Haltestelle（e）
●はBus-Haltestelle（e）

建物・施設・その他

男性名詞　　Bahnhof 駅　Platz 広場・場所・席　Park 公園　Parkplatz 駐車場　Kiosk 売店

　　　　　Tierpark 動物公園　Zoo 動物園　Supermarkt スーパーマーケット　Gemüseladen 八百屋

　　　　　Dom 大聖堂　Fernsehturm テレビ塔　Saal ホール　Weg 道

中性名詞　　Theater 劇場　Kino 映画館　Museum 博物館　Kulturzentrum 文化センター　Kaufhaus デパート　Re-

　　　　　staurant レストラン　Café カフェ　Local 酒場　Postamt 郵便局　Geschäft 店　Krankenhaus 病院　Hotel ホテル

　　　　　Stadion 競技場　Hochhaus 高層ビル　Büro オフィス　Wohnhaus 住居　Rathaus 市庁舎　Tor 門　Dorf 村

女性名詞　　Bibliothek 図書館　Universität（Uni）大学　Fachhochschule 高専　Schule 学校

　　　　　Post 郵便局　Bank 銀行／ベンチ　Polizei 警察　Halle ホール　Sporthalle 体育館　Apotheke 薬局

　　　　　Bäckerei パン屋　Metzgerei 肉屋　Buchhandlung 本屋　Boutique ブティック

　　　　　Kirche 教会　Siegessäule 戦勝記念柱　Haltestelle 停留所　Brücke 橋　Straße 通り　Stadt 市、街

1．Ich mag gar kein Obst mehr.

2．Gibt es hier nichts zu trinken？

3．Ihre Stimme ist kaum hörbar.

4．Sie kommt nur selten zu mir.

5．Ich kenne niemand außer ihm.

6．Er isst noch ein wenig.

7．Ich kenne ihn wenig.

否定語

nicht（英 not）　nichts（英 nothing）

nie　決して〜ない（英 never）

　keineswegs　決して〜ない

　niemand　誰も〜ない（英 nobody）

　niemals　決して（一度も）〜ない（英 never）

gar nicht（kein）　全然〜ない

nicht（kein）mehr　もはや〜でない

wenig　ほとんど〜ない　※ ein wenig　少し

kaum　ほとんど〜ない（英 hardly）

selten　めったに〜ない、まれ（英 seldom）

---

e Sitmme 声　hörbar 聞こえる　außer 〜の他　noch なお　nur ただ〜だけ

別れ際の挨拶

Bis morgen!　また明日

Bis bald!　またあとで

Bis gleich!　またあとで

Bis zur nächste Woche　また来週

Auf Wiedersehen!　さようなら

Auf Wiederhören!　（電話で）さようなら

よく使う副詞

gern	好んで		hier	ここで
gern—lieber – am liebsten			hierher	こちらへ、ここまで
lieber	より好んで、むしろ		da	そこで、そのとき、だから
auch	～もまた　too		dort	あそこで
noch	まだ、なお		oben	上に
doch	ぜひ、だって～なんだから		draußen	外で
denn	いったい		geradeaus	まっすぐに
leider	残念ながら		rechts	右に
			links	左に
oft	しばしば		etwa	約、およそ
mal	ちょっと、一度、かつて		ungefähr	約、およそ
einmal	一度、一回、かつて		gegen	およそ（～時）頃（前置詞）
manchmal	ときとして、ときには			
schon	すでに、もう		nur	ただ～だけ
immer	いつも、常に		ganz	すべて、全く
bald	間もなく		genug	充分に
Ich komme bald wieder.　じきに戻ってきます			besonders	特に
bereits	すでに		fast	ほとんど、ほぼ、あやうく
Ich bin bereits fertig.　私はもう済みました			sonst　さもないと、そうでないと、その他は	
gleich	すぐに、ただちに		allein	一人で、独力で
sofort	ただちに		beide	二人で
langsam	ゆっくり、ぼちぼち		zusammen	いっしょに
gerade	ちょうど			
jetzt	今		wahrscheinlich	おそらく、たいていは、多分
heute	今日		vielleicht	ひょっとして
morgen	明日		wohl	おそらく、きっと
übermorgen	あさって		sicher	確かに
gestern	昨日		unbedingt	絶対に　e Bedingung 条件
vorgestern	おととい		übrigens	ところで、それはそうと
			übrig（形）	残りの、余りの
natürlich	もちろん　　e Natur　自然		**否定的表現**	
eigentlich	そもそも、いったい		nicht	not
endlich	ついに、とうとう		nichts	nothing
nämlich	つまり		nie　一度も～ない、決して～ない㋪ never	
plötzlich	突然		gar nicht（kein）　全然～ない	
hoffentlich	望むらくは、願わくは		noch nicht	まだ～ない
	e Hoffnung 希望		niemals	決して（一度も）～ない㋪ never
			niemand	誰も～ない　㋪ nobody
weg	去った、ない		keineswegs	全然～ない
los	かかれ、急げ、（形）起こった		kaum	ほとんど～ない
Was ist denn los?　いったい何が起こったの？			selten	めったに～ない、まれに

助動詞は人称変化させて文頭から２番目に、動詞の不定形は文末に置く

平叙文　　　Er kann Deutsch sprechen. 彼はドイツ語を話すことができます

決定疑問文　Kann er Deutsch sprechen ?

補足疑問文　Was kann er sprechen ?

> 枠構造：助動詞と本動詞の不定形で他の成分を囲む

Übung1　können を参考に話法の助動詞の活用表を完成させましょう

	können	müssen	dürfen	wollen	sollen	mögen	möchte
ich	kann	muss			soll		
du	kannst		darfst			magst	
er/sie/es	kann			will			möchte
wir	können	müssen	dürfen	wollen	sollen	mögen	möchten
ihr	könnt		dürft			mögt	
sie	können				sollen		

１客観的な意味　と　２主観的な意味

können 1. 可能「〜できる」許可「〜してもかまわない」依頼「〜してください」　2. 推量「〜があり得る」

　　Herr Bauer kann Japanisch sprechen.　　バウアー氏は日本語が話せる

　　Wo kann man hier parken ?　　このあたりのどこに駐車していいんですか

　　Er kann krank sein.　　彼は病気かもしれない

müssen 1. 必然・必要「〜しなければいけない（nicht と）〜する必要はない」　2. 確信「〜にちがいない」

　　Schüler müssen fleißig lernen.　　生徒たちは一生懸命学ばなければいけません

　　Er muss bald kommen.　　彼はすぐ来るに違いない

dürfen 1. 許可「〜してもよい　（nicht と）〜してはいけない（禁止）」　2. 推量「おそらく〜だろう」

　　Sie dürfen in diesem Raum rauchen.　　あなた方はこの部屋で喫煙していいです

　　Hier darf man nicht parken.　　ここは駐車禁止です

wollen 1. 意志・意図「〜するつもりだ　〜しようと思う」「〜しそうだ」　2. 主張「〜と言い張っている」

　　Ich will im Sommer in die Schweiz fahren.　　私は夏にスイスに行くつもりです

　　Der Student will später Ingenieur werden.　　その学生は将来エンジニアになるつもりです

　　Es will bald regnen.　　もうすぐ雨が降りそうだ

sollen 1. 義務「〜すべきだ」「〜の予定だ」「〜噂だ」　2. 主語以外の者の意志「〜するよう言われている」

　　Du sollst morgen nach Kyushu fahren.　　君には明日九州に行ってもらいたい

　　Soll ich das Fenster schließen?　　窓を閉めましょうか

mögen 1. 容認「〜したいならしてもかまわない」「(nicht と)「〜したくない」2. 推量「〜かもしれない」

　　Wir mögen keinen Whisky trinken.　　私たちはウィスキーを飲みたくありません

　　Sie mag etwa 20 Jahre alt sein.　　彼女はたぶん20歳くらいでしょう

☆ **möchte**　「〜したい」（mögen の接続法Ⅱ）

　　Ich möchte einen Kaffee (trinken).　　コーヒーを一杯飲みたいです

　　Möchtest du mich morgen besuchen?　　明日、うちに訪ねてくる気はあるかい？

※**本動詞の省略**　（方向規定語句があるとき、自明のとき、などの場合は助動詞だけの文になる）

　　Ich muss sofort nach Hause (fahren/ gehen/ kommen).　　すぐに家に（行かなくては）いけない

　　Möchtest du noch eine Tasse Kaffee (trinken) ?　　コーヒーをもう一杯ほしいの？

Übung2　（　　）内の助動詞を主語に応じて適切な形にして入れて書き換え、訳しましょう

1．Von hier seht ihr den Fuji Berg.（können）
2．Kai spielt Squash und fährt Snowboard.（können）
3．Du hast recht.（können）
4．Du bleibst nicht zu Hause.（müssen）
5．Sie besuchen einmal das Puppentheater.（müssen）
6．Peter ist krank.（müssen）
7．Ohne Blitz fotografiert ihr in manchen Museen in Deutschland（dürfen）
8．Hier raucht man nicht.（dürfen）
9．Frage ich dich etwas?（dürfen）
10．Wir fahren im Sommer in die Schweiz.（wollen）
11．Was sagst du damit?（wollen）
12．Es blitzt.（wollen）
13．Du kommst zu deinem Chef .（sollen）
14．Seine Tochter ist Schauspielerin.（sollen）
15．Ich grüße Sie von meiner Frau.（sollen）

> recht haben 正しい
> bleiben ずっといる
> krank 病気だ
> r Blitz フラッシュ
> e Schauspielerin 女優
> pl. Museen 博物館
> fragen 質問する
> blitzen 稲妻が光る
> sagen 言う
> r Chef 上司
> grüßen 挨拶する

Übung3　mögen か möchte を主語に応じた適切な形に直して書き換え、訳しましょう

1．Ich spreche Herrn Schmidt.
2．Peter läd dieses Wochenende seine Freundin zu einem Konzert ein.
3．Reichen Sie bitte mir das Salz?

> einladen　招待する
> reichen　差し出す
> s Salz　塩

Übung4　日本語を参考に、適切な話法の助動詞を主語に合わせて人称変化させて入れましょう

1．_____ ich Ihnen noch eine Tasse Kaffee anbieten?　コーヒーをもう一杯差し上げましょうか
2．Sie _____ mich einmal besuchen.　ぜひ一度私を訪問してください（しなくちゃいけない）
3．_____ Sie bitte mir helfen?　手助けしていただけますか
4．_____ ich dir etwas zu essen mitnehmen?　何か食べ物を持っていきましょうか
5．_____ ich mitkommen?　いっしょに行ってもよろしいですか
6．_____ wir einkaufen gehen!　買い出しに行こうよ
7．_____ ich das Fenster öffnen?　窓を開けた方がいい（開けましょうか）？
8．Jetzt _____ ich in die Stadt.　今から街に行かなくちゃ
9．Wie Sie _____.　お好きなように

Übung5　下は買い物の場面です。適切な話法の助動詞を書き入れましょう

Verkäuferin：_____ ich Ihnen helfen?
Kundin：Ich suche ein Kuscheltier für meine kleine Nichte.
　　　　Hier gibt es so viele .Was _____ ich nehmen?
Verkäuferin：Der Teddybär hier ist ganz neu und sehr beliebt.
Kundin：Ach, so süß! Den nehme ich. _____ ich mit der Karte bezahlen?
Verkäuferin：Jawohl.

> s Kuscheltier ぬいぐるみ
> e Nichte 姪　neu 新しい
> beliebt 人気がある
> süß かわいい　bezahlen 支払う

未来時制の助動詞　 werden ＋……＋ 動詞の不定形

> 枠構造：助動詞 werden と動詞の不定形で
> 他の成分を囲む

　　Es　wird bald regnen.　　　　もうすぐ雨になるだろう

　　Peter wird später kommen.　　ペーターはあとで来るだろう

推量「〜だろう（3人称）」　　Er wird wohl krank sein.　彼はたぶん病気なのだろう

決意「〜するつもり（1人称）」　Ich werde dich bestrafen.　きみを罰してやるよ

命令「〜するのだ（2人称）」　Du wirst dein Bestes tun.　きみはベストを尽くすのだ

　※純粋な未来は現在形で表す　Peter kommt später.　　　ペーターはあとで来る　（断定）

Übung1　下の文章に werden を入れて書き換え、日本語に訳しましょう

1．Morgen beginnt das Konzert um 7 Uhr.

2．Du gehst mit mir.

3．Es regnet bald.

4．Du arbeitest die ganze Woche zu Hause.

5．Ich gehe am Wochenende aus.

6．Er bekommt zukünftig den Nobelpreis.

zukünftig	将来に	werden	したい
r Nobelpreis	ノーベル賞	wollen	しようと思っている
bekommen	受け取る	möchte	するつもり

助動詞に準じて動詞の不定形（zu のない不定詞）とともに使う動詞

使役動詞 lassen　〜させる

　Ich lasse ihn zu uns kommen.　私は彼を私たちのところに来させる

　Lass uns ins Kino gehen!　　　映画館に行きましょう

知覚動詞など

sehen（4格が〜しているのを）見る　Ich sehe ihn laufen.　　　　私は彼が走っているのを見る

hören（4格が〜しているのを）聞く　Ich höre ihn singen.　　　　私は彼が歌っているのを聞く

gehen（〜しに）行く　　　　　　　Gehen wir einkaufen !　　　買い物に行きましょう

lernen することを学ぶ　　　　　　Ich lerne kochen.　　　　　私は料理を習う

lehren（3/4格が〜するのを）教える　Er lehrt die Schüler rechnen.　彼は生徒たちに算数を教える

helfen（3格が〜するのを）助ける　Ich helfe ihm waschen.　　　私は彼が洗濯するのを手助けする

Übung2　日本語に合うようにドイツ語の文章を書きましょう

1．私は息子（mein Sohn）を図書館（in der Bibliothek）で勉強（arbeiten）させる

2．散歩に行き（spazieren|gehen）ましょう

3．森の中で（im Wald）鳥が（pl. Vögel）歌っている（singen）のが聞こえる（主語は wir で）

4．今日（heute）マリアは水泳に（schwimmen）行く

5．きみは私がトランクを（r Koffer）運ぶのを（tragen）　手伝ってくれるの？（疑問文）

Übung3　同じ意味の文をあと2通り書きましょう

> 「〜しましょう」
> Gehen wir langsam!　そろそろ行きましょう
> Wollen wir langsam gehen!
> Lasst（Lassen Sie / Lass）uns langsam gehen!

Trinken wir noch ein Glas Bier !

⇒ _____

⇒ _____

wer 誰が
wessen 誰の
wem 誰に
wen 誰を

mit wem 誰と
womit 何で

was für ein　どんな
welcher　どの（格変化する）

Wer kommt mit? — Peter.　誰がいっしょに来るの？―ペーターだ
Wessen Auto ist das? — Meines Freunds.　誰の車なの？―友だちのだ
Wem gehört das Auto? — Meinem Vater.　誰の車なの？― 私の父のだ
Wen besuchen Sie? — Meinen Sohn.　誰を訪ねるの？― 私の息子をだ

前置詞のついた語句が人の場合の疑問文：前置詞 + wessen　wem　wen
　　　　　　　　　　物の場合の疑問文：wo― wor ―（= was +前置詞）

Mit wem fahren Sie? — Mit meinen Vater.　誰と行くの？― 父とだ
Womit fährst du? — Mit dem Auto.　何で行くの？― 車でだ
An wen denkst du? — An dich.　誰のことを考えているの？― 君のことだ
Woran denkst du? — An die Kosten.　何のことを考えているの？― 費用だ

Was für einen Rock trägst du? — Den Minirock.　どんなスカートをはくの？― ミニスカート
Was für Musik hörst du gern? — Rockmusik.　どんな音楽を好んで聴くの？― ロックです
Mit was für einem Auto fährst du? — Mit dem BMW.　どんな種類の車で行くの？― BMW だ
Welchen Zug nimmst du?　君はどの列車に乗るの？

---

warum なぜ　⇔　weil ～だからだ

従属接続詞（副文）内では定形は文末に置かれる

Warum geht Peter heute zum Arzt?　—　Weil er Zahnschmerzen hat.
　なぜペーターは今日医者に行くの？　― 歯が痛いからだよ
☆ weil は従属接続詞で、副文を導く　　☆副文内は定形後置（S.79参照）
Ich weiß nicht, warum er nicht kommt.　なぜ彼が来ないのか、私は知らない
Ich weiß nicht, wo er jetzt wohnt.　彼がどこに住んでいるのか、私は知らない
Wissen Sie, ob er heute kommt.　彼が今日来るのかどうか、知っていますか　　「es ist ～, dass」
Es ist sicher, dass er heute kommt.　彼が今日来ることは確かだ　-------- = 英「it is ～ , that」
Können Sie mir sagen, wie ich zum Hotel geht.　ホテルまでどう行くのか、教えてもらえますか

---

wann いつ　wie どのように　wie +形容詞、副詞 どれくらい～

um wie viel Uhr 何時に　an welchem Tag 何日に　in welchem Monat 何月に
Um wieviel Uhr (Wann) kommt der Zug an? — Um 12. 30 Uhr.　何時に列車は到着するの？ ―12時30分です
Wie sagt man „shingo" auf Deutsch? — Ampel.　ドイツ語で「信号」は何と言いますか― Ampel です
Wie gefällt Ihnen der Film? — Er gefällt mir super!　その映画は気に入っていますか― とても気に入っています
Wie ist das Wetter morgen? — Es regnet.　明日の天気はどうですか― 雨です
Wie kommt man zum Bahnhof? — Geradeaus, dann nach links.
　駅にはどのように行きますか― まっすぐ、それから左に曲がります
Wie viele Bücher gibt es hier? — Es gibt etwa 1000 Bücher.
　どのくらいの数の本がありますか― およそ1,000冊の本があります
Wie lange dauert die Fahrt (sind Sie schon hier)? — Ungefähr 2 Stunden (Seit 4 Tagen).
　どのくらいの時間がかかりますか（ここにいますか）― およそ２時間です（４日前からです）
Wie weit ist es von hier bis zum Bahnhof? — Etwa 500 Meter.
　ここから駅までどのくらいの距離ですか― 約500メートルです
Wie oft besuchen Sie Ihre Großeltern? — Einmal pro Woche.　祖父母を何回ほど訪ねますか― 週に一度です
Wie groß ist dein Sohn? — Er ist 1, 70 m groß.　息子さんはどのくらいの背丈ですか― 1.70m です

57

形容詞の述語的用法	Die Dame ist noch jung.	そのご婦人はまだ若い
付加語的用法	Die junge Dame da ist meine Tante.	その若い婦人は私の叔母だ
副詞的用法	Sie sieht jung aus.	彼女は若く見える

Übung1　下線部の形容詞の訳を書き、反意語を右から選んで（　　）に書き入れましょう

1．Die Katze ist schon alt. ＿高齢の＿　⇔（　　jung　）
2．Heute trage ich neue Schuhe. ＿＿＿＿　⇔（　　　　）
3．Eva hat lange Haare. ＿＿＿＿　⇔（　　　　）
4．Wir haben heute schlechtes Wetter. ＿悪い＿⇔（　　　　）
5．Das Buch ist dünn. ＿＿＿＿＿　⇔（　　dick　）
6．Es wird morgen warm. ＿＿＿＿＿　⇔（　　　　）
7．Das Wasser ist zu heiß. ＿＿＿＿　⇔（　　kalt　）
8．Michael ist wohl krank. ＿病気の＿　⇔（　　　　）
9．Man muss fleißig lernen. ＿＿＿＿　⇔（　　faul　）
10．Deine Antwort ist falsch. ＿間違い＿　⇔（　　　　）
11．Er ist sehr reich . ＿＿＿＿＿＿＿　⇔（　　　　）
12．Diese Stadt ist klein. ＿＿＿＿＿　⇔（　　　　）
13．Sie kommt immer zu spät. ＿＿＿＿　⇔（　　früh　）
14．Ulrich fährt Auto zu schnell. ＿速い＿　⇔（　　　　）
15．Die Tasche ist sehr billig. ＿＿＿＿＿　⇔（　　　　）
16．Die Wohnungen in dieser Stadt kosten wenig. ＿少ない＿　⇔（　　　　）
17．Im Winter wird es draußen bald dunkel. ＿＿＿＿＿＿　⇔（　　　　）
18．Mein Baby schläft schon. Sprich bitte leise! ＿＿＿＿＿＿　⇔（　　laut　）

| e Katze　猫 |
| tragen　身につける |
| pl. Schuhe　靴 |
| pl. Haare　髪 |
| s Wetter　天気 |
| wohl　おそらく |
| e Antwort　答 |
| e Stadt　町 |
| e Tasche　バッグ |
| e Wohnung　住居 |
| kosten　値段が〜だ |
| draußen　外では |
| bald　すぐに |
| schlafen　眠る |

| alt　古い |
| arm　貧乏な |
| dick　厚い |
| faul　怠けた |
| gesund　健康な |
| groß　大きい |
| gut　よい |
| hell　明るい |
| jung　若い |
| kalt　寒い |
| kühl　冷たい |
| kurz　短い |
| langsam　遅い |
| laut　声高な |
| richtig　正しい |
| teuer　（値段が）高い |
| viel　多い |
| schön　美しい |
| früh　早い |

Übung2　下の質問に適した答えを右から選び線で結びましょう

1．Wie groß bist du?
2．Wie alt ist er?
3．Wie lange dauert es bis zum Bahnhof?
4．Wie weit ist es von hier bis zum Bahnhof ?
5．Wie hoch ist der Fuji Berg?
6．Wie spät ist es jetzt?
7．Wie viel kostet das?
8．Wie viele Bücher gibt es hier?
9．Wie oft besuchen Sie Ihre Großeltern?

3, 776Meter
2 Kilometer
Etwa 1000
Einmal pro Woche
19 Jahre alt
1, 70 m
10 vor 11
15 Minuten
70 Cent

| dauern |
| （時間が）継続する |

| 副詞 |
| oft　たびたび |
| lange　（時間が）長い |

Übung3　説明を参考に色を表す形容詞に日本語をつけましょう

Die Nationalflagge von Deutschland：Schwarz, Rot, Gold（von oben nach unten）
Die von Frankreich：Blau, Weiß, Rot（von links nach rechts）
Die von Italien：Grün, Weiß, Rot（von links nach rechts）
Die von Rumänien：Blau, Gelb, Rot（von links nach rechts）
Die von Irland：Grün, Weiß, Orange（von links nach rechts）
Eine Ampel zeigt drei Farben：Grün, Gelb, Rot

weiß ＿＿＿＿　　gelb ＿＿＿＿
schwarz ＿＿＿　braun 茶色い
rot ＿＿＿＿＿　grau グレーの
blau ＿＿＿＿　purpurn ＿＿＿
grün ＿＿＿＿　golden ＿＿＿
　　　　　　　silbern ＿＿＿

形容詞の格支配
　2 格 : Er ist der Fremdsprache mächtig.　彼は外国語を自由に操る
　3 格 : Sie ist ihrer Mutter ähnlich.　彼女は母親に似ている
　4 格 : Ich bin Kälte gewohnt.　私は寒さに慣れている
形容詞の前置詞支配
　Ich bin froh über seinen Erfolg.　私は彼の成功がうれしい

etwas^2 mächtig sein
　〜を意のままにする
etwas^3 ähnlich sein
　〜に似ている
etwas^4 gewohnt sein
　〜に慣れている

Übung4　下線部を正しい語尾にし、空欄には前置詞（定冠詞との融合形）を入れましょう

1．Ich kann d ＿＿＿ Aussprache nicht mächtig.
2．Michael ist sein ＿＿ Vater ähnlich.
3．Sie sind （　　　） Sieg sehr begeistert.
4．Ich bin schon （　　　） d ＿＿＿ Aufgabe fertig.
5．Das Land ist reich （　　　） Bodenschätzen.
6．Sie ist stolz （　　　） ihr ＿＿ Sohn.
7．Die Mensa ist voll （　　　） Studenten.
8．Ich bin （　　　） seiner Leistung zufrieden.

an et^3　arm　sein　〜に乏しい
von et^3　begeistert　sein　〜に熱狂している
auf et^4/über et^4　böse　sein　〜に怒っている
mit et^3　fertig　sein　〜が済んでいる
von et^3　frei　sein　〜から自由だ
über et^4　froh　sein　〜を喜んでいる
an et^3　reich　sein　〜が豊富だ
auf et^4　stolz　sein　〜を誇りにしている
von et^3　überzeugt　sein　〜を確信している
von et^3　voll　sein　〜でいっぱいである
mit et^3　zufrieden　sein　〜に満足している

e Aussprache 発音　r Sieg 勝利　e Aufgabe 宿題
s Land 国　pl. Bodenschätze 地下資源
e Mensa 学食　e Leistung 業績

Übung5　日本語に合うように、形容詞を入れましょう

1．Ist der Schriftsteller ＿＿＿＿＿＿ oder ＿＿＿＿＿＿？　その作家は独身なの、既婚なの？
2．Er ist ＿＿＿＿＿＿ für seine ＿＿＿＿＿＿ en Worte.　彼は率直な言動で有名だ
3．Leider ist es mir nicht ＿＿＿＿＿＿.　残念ながらそれは私にはできない
4．Der Zug kommt immer ＿＿＿＿＿＿.　列車はいつも時間通りに来る
5．Es ist heiß heute, nicht ＿＿＿＿＿＿？　今日は暑いですよね

その他の形容詞
　leer 空の
　richtig 正しい
　falsch 誤りの
　wahr 真実の
　offen 開いた、率直な

bekannt 有名な
berühmt 有名な
fremd 未知の、外国の
ledig 独身の
verheiratet 結婚した
geschieden 離婚した

einfach 簡単な、片道の
möglich 可能な
plötzlich 突然の
pünktlich 時間通りの
genau 正確な
klar 透明な、明らかな

langweilig 退屈な
müde 疲れている、眠い
satt 満足した
wenig ほとんどない
ein wenig 少し

動詞の現在分詞の作り方：不定形＋d (kommend　abnehmend　zunehmend　例外 tuend)
用法：現在分詞は形容詞のように用いられる
・付加語的用法　der folgende Text 以下のテキスト　am kommenden Sonntag 来る日曜日に
・名詞化　der Reisende 旅行（している）男性　der von rechts Kommende 右手から来る男性
・述語的に用いるのは完全に形容詞化したものだけ（英語のような現在進行形の用法はない）
　anwesend 出席している bedeutend 重要な dringend 至急の Sie ist reizend. 彼女は魅力的だ
※ zu ＋現在分詞は未来分詞（「〜され得る」の意味）die zu bezahlende Steuer 払われるべき税金

Übung6　次の語句や文を訳しましょう

1．der fliegende Holländer ＿＿＿＿＿＿＿＿＿＿　2．Der Gehende ＿＿＿＿＿＿＿＿＿＿
3．Wer ist abwesend heute? ＿＿＿＿＿＿＿＿＿＿　4．Das Wasser ist kochend heiß. ＿＿＿＿＿＿

Lektion 25　形容詞の付加語的用法

形容詞の付加語的用法：冠詞があるときの語尾（弱変化 / 混合変化）

	男性名詞	中性名詞	女性名詞	複数名詞
1格	der kleine Rock ein kleiner Rock	das kleine Hemd ein kleines Hemd	die kleine Hose eine kleine Hose	
2格	ここは全部　en			
3格				
4格		das kleine Hemd ein kleines Hemd	die kleine Hose eine kleine Hose	

Der rote Rock da passt mir sicher.　そこの赤いスカートはきっと私に似合う

Ein roter Rock liegt auf dem Regal .　赤いスカートが1枚棚に置いてある

Die Farbe der Bluse passt zum roten Rock.　そのブラウスの色はその赤いスカートに合っている

Ich kaufe mir einen roten Rock.　私は赤いスカートを1枚買う

Übung1　冠詞と形容詞の語尾を正しい形に直して入れましょう

1．Wie gefällt Ihnen dies ___ blau ___ Krawatte?

2．Dies ___ braun ___ Anzug gefällt mir gut.

3．Die Dame mit d ___ rot ___ Hut ist meine Tante.

4．D ___ gelb ___ Kleid steht dir gut. Du sollst ein ___ hell ___ Kleid.

5．Ich möchte solch ___ bunt ___ Brille tragen .

6．Ich möchte ein neu ___ Hemd kaufen.

7．Ich suche eine dunkl ___ Brille.

8．Du sollst mit d ___ sportlich ___ Schuhen laufen.

> 付加語的用法のとき
> hoch ⇒ hoh ＋語尾
> dunkel ⇒ dunkl ＋語尾
>
> der hohe Berg
> 　その高い山

e Kleidung　服装

m. Anzug スーツ（男性用）　Rock スカート　Blazer 上着　Hut 帽子
　Mantel コート　Regenmantel レインコート　Pullover/Pulli セーター

f. Jacke ジャケット　Hose ズボン　Bluse ブラウス　Brille 眼鏡
　Krawatte ネクタイ　Kappe 帽子　Kette ネックレス

n. Kleid ワンピース　Hemd シャツ　T-Shirt T シャツ　Kostüm スーツ（女性用）

pl. Schuhe（r. Schuh）靴　Lederschuhe 革靴　Turnschuhe 運動靴
　Jeans ジーンズ　Stiefel ブーツ　Strümpfe 長靴下

gefallen　気に入る
hell　明るい
bunt　派手な
stehen　似合う
kaufen　買う
suchen　探す
dunkel　暗い
sportlich　スポーツ用の

形容詞の付加語的用法：冠詞がないときの語尾（強変化）

	男性		中性		女性		複数	
1格	grüner	Tee	heißes	Wasser	frische	Milch	kalte	Getränke
2格	grünen	Tees	heißen	Wassers	frischer	Milch	kalter	Getränke
3格	grünem	Tee	heißem	Wasser	frischer	Milch	kalten	Getränken
4格	grünen	Tee	heißes	Wasser	frische	Milch	kalte	Getränke

Übung2　形容詞の語尾を入れましょう

1．Ich trinke gern schwarz ____ Kaffee.

2．Du musst nur gekocht ____ Wasser trinken.

3．In wenig ____ Stunden fliegt der Flugzeug nach Dänemark ab.

4．Ich wünsche dir gut ____ Appetit.

5．Sie schmückt den Hut mit viel ____ Blumen.

6．In Deutschland kann man heute wild ____ Wölfe aus Polen beobachten.

r Kaffee コーヒー　gekocht 沸かした
wenig ほとんどない　e Stunde 時間
ab|fliegen 飛び発つ　s Flugzeug 飛行機
wünschen 願う　r Appetit 食欲
mit et³ schmücken 〜で飾る　e Blume 花
r Wolf オオカミ　beobachten 観察する

形容詞の名詞化：人

	その / ある幼い男の子	その / ある幼い女の子	その / ある幼い子（たち）	
1格	der Kleine/ ein Kleiner	die / eine Kleine	die Kleinen	Kleine
2格	des/eines　Kleinen	der/einer Kleinen	der Kleinen	Kleiner
3格	dem/einem Kleinen	der/einer Kleinen	den Kleinen	Kleinen
4格	den/einen　Kleinen	die / eine Kleine	die Kleinen	Kleine

・無冠詞の場合は強変化　Kleiner/ Kleine
・der Deutsche /ein Deutscher　ドイツ人（男性）
　die Deutsche /eine Deutsche　ドイツ人（女性）
　die Deutschen / Deutsche　ドイツ人（複数）

> ※ Junge（少年）は男性弱変化名詞
> 　公務員（女性）は普通の女性名詞 Beamtin

よく使われるもの（男性、定冠詞付き1格の例）
　der Alte お年寄り　der Erwachsene おとな　der Kranke 病人　der Verletzte 怪我人　der Verwandte 親戚
　der Bekannte 知り合い　der Angestellte 会社員　der Beamte 公務員　der Abgeordnete 議員　der Vorsitzende 議長
　der Fremde 見知らぬ人 / 外国人　der Abwesende 欠席者　der Reiche 金持ち　der Arme 貧乏人
　mein Guter / meine Gute 善人 /（呼びかけで）おまえ

Übung3　日本語に合うように形容詞を名詞化させた単語を入れましょう

1．An der Ecke steht ＿＿＿＿＿＿.　街角にお年寄りの女性が一人立っている
2．Mein Onkel ist ＿＿＿＿＿＿ und mein Bruder ist ＿＿＿＿.　叔父は会社員で、兄は公務員だ
3．Frau Meyer ist meine ＿＿＿＿＿＿.　マイヤー夫人は私の知人だ
4．Jeder ＿＿＿＿＿＿ trinkt 500 Flaschen Bier pro Jahr.　ドイツ人男性は年に500瓶ビールを飲む
5．Und zwar : Ein ＿＿＿＿＿＿ trinkt 110 Liter im Jahr.　詳しく言えば年に110リットルだ

形容詞の名詞化：事象

	良いもの（こと）、善			良く用いられる表現
1格	das　　Gute	ein　　Gutes	etwas Gutes	etwas Gutes 何か良いこと
2格	des　　Guten	eines　　Guten	——	nichts Gutes 何も良いことはない
3格	dem　　Guten	einem　　Guten	etwas Gutem	viel Gutes　たくさんの良いこと
4格	das　　Gute	ein　　Gutes	etwas Gutes	wenig Gutes ほとんど良いことはない

・deutsch ドイツの、ドイツ人の usw.　Deutsch ドイツ語（副詞として用いられるときは小文字）
・Wie sagt man auf deutsch（Deutsch）?　ドイツ語ではどのように言いますか

Übung4　日本語に合うように、形容詞を名詞化させて入れましょう

1．Gibt es ＿＿＿＿＿＿ heute? ―― ＿＿＿＿＿＿!
　　今日は何か新しいことでもある？―― 何もないよ！
2．Musst du heute ＿＿＿＿＿＿ tun? 今日は何か特別にしなきゃいけないことはあるの？
3．Wie sagt man „tschüß" auf ＿＿＿＿＿＿?『tschüß』は日本語でどう言うの？

> neu　新しい
> besonder　特別な

原級		比較級		最上級		不規則に変化するもの					
		原級 +er		原級 + (e) st		gut	—	besser	—	best	よい
alt	—	älter	—	ältest	古い	viel	—	mehr	—	meist	多い
jung	—	jünger	—	jüngst	若い	groß	—	größer	—	größt	大きい
neu	—	neuer	—	neuest	新しい	hoch	—	höher	—	höchst	高い
klein	—	kleiner	—	kleinst	小さい	nah	—	näher	—	nächst	近い

1音節の形容詞の a o u の母音は多くの場合変音する

Übung1 次の形容詞を比較級、最上級に変化させましょう

schön			美しい	schlecht			悪い（質・具合）
wenig			少ない	schlimm			悪い（事態・道徳的）
wichtig			重要な	niedrig			低い
frisch			新鮮な	fern			遠い
weit			広い / 遠い	eng			狭い
lang		längst	長い	kurz		kürzest	短い
schnell			速い	langsam	langsamer	langsamst	ゆっくり
dick			厚い	dünn			薄い
schwer			重い / 重大な	niedrig	niedriger	niedrigst	低い
schwierig			難しい	leicht			軽い / 簡単な
stark	stärker	stärkst	強い	schwach		schwächst	弱い
hell			明るい	dunkel	dunkler	dunkelst	暗い
teuer	teu [e] rer		高価な	billig			安い
reich			豊かな	arm	ärmer		貧しい
fleißig	fleißiger	fleißigst	勤勉な	faul			怠けた
klug		klügst	賢い	dumm		dümmst	鈍重な
gesund	gesünder	gesündest	健康な	krank	kränker		病気の
sauber	saub [e] rer		清潔な	schmutzig			汚い
warm		wärmst	暖（温）かい	kühl			冷たい
heiß			熱い	kalt		kältest	寒い
hart		härtest	固い	weich			柔らかい
süß		süßest	甘い	sauer	sau [e] rer	sauerst	酸っぱい
fein	feiner		繊細な	grob	gröber	gröbst	粗い
laut	lauter	lautest	声高な	leise		leisest	小声の
frei	freier	frei [e] st	自由な	ruhig			静かな
nett		nettest	感じのいい	still			静かな
freundlich	freundlicher	freundlichst	親切な	unfreundlich			不親切な
glücklich	glücklicher	glücklichst	幸運な	unglücklich			不幸な

副詞の比較級、最上級

好んで gern — lieber — am liebsten　　しばしば oft — öfter — am öftesten　　　間もなく bald — eher — am ehesten

Ich trinke gern Kaffee. Aber ich trinke lieber Tee. Am liebsten trinke ich Milch.

私はコーヒーを好んで飲む。でもむしろ（より好んで）紅茶を飲む。一番好んで飲むのは牛乳だ。

同等比較	so ＋原級＋ wie	Er ist so alt wie ich.	彼は私と同じ年齢です

Übung2　次の文を日本語に訳しましょう

１．Peter ist nicht so alt wie Frank.

２．Mein Onkel ist doppelt so reich wie mein Vater.

３．Er isst immer so viel, wie er kann.

４．So weiß wie Schnee, so rot wie Blut und so schwarz wie Ebenholz.

doppelt　二重の
r Schnee　雪
s Blut　血
s Ebenholz　黒檀

比較級の述語的用法　比較級＋ als　Er ist älter als ich.　彼は私より年上だ　（強めは viel）

「immer ＋比較級（比較級＋比較級）」　ますます〜になる

Der Chauffeur fährt immer schneller（schneller und schneller）. 運転手はますます速く運転する

「je ＋比較級 〜 , desto（um so）＋比較級…」　〜すればするほど…

Je früher der Frühling kommt, desto früher fliegen die Pollen. 春が早く来るほど早く花粉が飛ぶ

Übung3　日本語に合うようにドイツ語の文章を書きましょう

１．Peter は Frank よりずっと背が高い

２．この時計（e Uhr）はあの時計より高価だ

３．東京スカイツリー（r Tokio Skytree）はベルリンのテレビ塔（r Fernsehturm）より高い

４．ドイツでは日本より多く肉（s Fleisch）を食べる

５．朝は自転車（s Fahrrad）での方が車（s Auto）で行くより速い

６．物価（pl.Preise）はますます高くなる（steigen）

７．人は年を取ればとるほど賢く（weise）なる

hier　ここの
da　あそこの
essen　食べる
morgens　朝に

最上級の述語的用法　　「der/ die/ das／─ ste」または「am ─ sten　」　最も〜

Er ist der jüngste（am jüngsten）in unserer Klasse.　彼は私たちのクラスで最も年下だ

Im Februar ist es in Japan am kältesten.　日本では２月は一番寒い

「einer/ eine/ eines der ─ sten 名詞の複数形」　最も〜のうちのひとつ

Yokohama ist eine der größten Städte in Japan.　横浜は日本の大都市のうちの一つだ

Übung4　形容詞を最上級の形にして ＿＿＿ に、（　）には適切な語句を入れて、訳しましょう

１．Der ＿＿＿＿＿ Berg in Japan ist Fuji.　Der Fuji Berg ist（　）＿＿＿＿ in Japan.　← hoch

２．Die Tage sind im Sommer（　）＿＿＿＿＿.　← lang

３．Das ist ＿＿＿ der ＿＿＿＿ Kleider in diesem Geschäft.　← teuer

４．Das Park Inn ist das zweit ＿＿＿＿ Hotel Deutschlands und das ＿＿＿＿ Hotel in Berlin.　← hoch

絶対的比較級 das ältere Auto. そうとう古い車　die ältere Dame 年配の（比較的年を取った）女性

Peter ist mein jüngerer（älterer）Bruder.　ペーターは私の弟（兄）だ

Da hängt ein teu（e）rerer Anzug. もっと高いスーツが１着そこに掛かっている

絶対的最上級 in höchster Not 困り果てて　das herrlichste Wetter 最高の天気

状況語として aufs ─ ste とても〜の Wir grüßen Ihnen aufs herzlichste . 私たちはあなた方に心からの挨拶を送ります

※ die Alte
お年寄り（女性）

Übung5　形容詞を適切な形にして空欄に入れ、訳しましょう

１．Sarah ist meine ＿＿＿＿＿＿ Tochter.　← jung

２．Ich möchte den ＿＿＿＿＿ CD-Spieler kaufen.　← billig

３．Bayern ist das ＿＿＿＿＿ Bundesland Deutschlands.　← groß

４．Wir laden Sie aufs ＿＿＿＿＿ ein zu unserem 10-jährigen Jubiläum .　← herzlich

e Tochter 娘　ein|laden 招待する
s Bundesland 連邦州
jährig 〜年の
s Jubiläum 周年記念日

動詞の三基本形

動詞の不定形—過去基本形—過去分詞			
規則変化動詞	_____en — _____te — ge_____t		
(弱変化動詞)	machen — machte — gemacht		する、作る
	arbeiten — arbeitete — gearbeitet		作業する
不規則変化動詞	_____en — ___×___ — ge___×___en		
(強変化動詞)	kommen — kam — gekommen		来る
不規則変化動詞	_____en — ___×__te — ge___×___t		
(混合変化動詞)	bringen — brachte — gebracht		持ってくる

sein　ある
sein — war — gewesen
haben　持っている
haben — hatte — gehabt
werden　〜に成る
werden — wurde — geworden
助動詞の過去分詞は worden

Übung1　規則変化動詞の三基本形の空欄をうめましょう

bauen	baute	gebaut	建てる	schenken		geschenkt	贈る
forschen			探究する	schmecken			味がする
fragen		gefragt	質問する	schneien	schneite		雪が降る
frühstücken			朝食をとる	setzen		gesetzt	設置する
holen			取りに行く	spielen			遊ぶ
hören	hörte		聞く	stellen			置く
kaufen			買う	stören	störte		邪魔する
kochen		gekocht	料理する	suchen			探す
leben	lebte		生きる	teilen		geteilt	分ける
lehren		gelehrt	教える	wählen		gewählt	選ぶ
lernen			習う	weinen	weinte		泣く
lieben	liebte		愛する	wohnen			住む
räumen		geräumt	片づける	zeigen			示す
regnen			雨が降る	zeugen		gezeugt	証明する
reisen	reiste		旅行する				
sagen		gesagt	言う	antworten	antwortete		答える
sammeln			集める	öffnen		geöffnet	開ける
rechnen	rechnete		計算する	warten			待つ
schauen		geschaut	眺める	zeichnen		gezeichnet	描く

Übung2　混合変化の動詞（全部で9個）の三基本形の変化の空欄を埋めましょう

denken	dachte		考える	senden	sendete	gesendet	送信する
brennen	brannte	gebrannt	燃える		sandte	gesandt	送る
kennen		gekannt	知っている	wenden	wendete		向きを変える
nennen	nannte		名づける			gewandt	向ける
rennen		gerannt	走る	wissen	wusste	gewusst	知っている

Übung3　不規則動詞（強変化）の３基本形の空欄をうめましょう（巻末 S.93 ～ S.95 参照）

beginnen	begann		始める
bleiben			滞在する
brechen		gebrochen	折る、破る
essen			食べる
fahren		gefahren	行く
fallen	fiel		落ちる
fangen			捕まえる
finden		gefunden	見出す
gehen			行く
geschehen			起こる
halten			保持する
laden	lud	geladen	積み込む

nehmen		genommen	取る
rufen			呼ぶ
schlafen	schlief		眠っている
schreiben		geschrieben	書く
sehen			見る
singen		gesungen	歌う
sitzen			座っている
sprechen	sprach		話す
stehen			立っている
sterben		gestorben	死ぬ
trinken			飲む
ziehen		gezogen	引っ張る

分離動詞の三基本形　ankommen — kam an — angekommen　　　到着する

Übung4　分離動詞三基本形の空欄をうめましょう

abfahren	fuhr ab		出発する
abholen		abgeholt	取ってくる
anfangen			始める
anrufen		angerufen	電話をする
aufstehen	stand auf		起床する

ausbrechen			勃発する
einladen	lud ein		招待する
fernsehen			テレビを見る
stattfinden			開催される
teilnehmen		teilgenommen	参加する

過去分詞に ge がつかない動詞＝ 第一音節にアクセントのない動詞の三基本形

・不定形が -ieren の動詞　　　　　　　studíeren　—　studíerte　—　studiert　　専攻する

・非分離動詞　（とくに前綴りが be emp ent er ge ver zer のものは必ず非分離動詞になる）

　　　　　　　　　　　　　　　besúchen　—　besúchte　—　besúcht　　訪問する

Übung5　アクセントが第一音節にない動詞の三基本形の空欄をうめましょう

bekommen		bekommen	受け取る
bestehen			存在する
empfehlen	empfahl	empfohlen	推薦する
entstehen			生じる
erwarten		erwartet	期待する
gefallen	gefiel		気に入る
gehören			属する
übersetzen		übersetzt	翻訳する

verletzen		verletzt	傷つける
verlieren	verlor	verloren	失う
veröffentlichen			公表する
verschwinden			消える
zerstören	zerstörte		破壊する
fotografieren	fotografierte		撮影する
produzieren			産出する
reparieren		repariert	修理する

話法の助動詞の三基本形　（動詞的用法のときの過去分詞は ge—t の形）

können — konnte — können　（gekonnt）　　　wollen — wollte — wollen　（gewollt）

dürfen — durfte — dürfen　（gedurft）　　　sollen — sollte — sollen　（gesollt）

müssen — musste — müssen　（gemusst）　　　mögen — mochte — mögen　（gemocht）

過去形の作り方⇒過去基本形に人称に応じた語尾をつける

	sein		haben	

過去形の作り方⇒過去基本形に人称に応じた語尾をつける

lernen　⇒　lernte　　　　　　　kommen　⇒ kam

ich	lernte	wir lernten	ich	kam	wir kamen
du	lerntest	ihr lerntet	du	kamst	ihr kamt
er/sie/es lernte		sie lernten	er/sie/es kam		sie kamen

sein		haben	
ich war	wir waren	ich hatte	wir hatten
du warst	ihr wart	du hattest	ihr hattet
er war	sie waren	er hatte	sie hatten

・文章語の過去の表現に用いる

・口語では sein、haben、話法の助動詞などを用いた文の場合は過去形、他の動詞は現在完了を用いる

不定詞		suchen	arbeiten	kommen	wissen	werden	können
過去基本形		suchte	arbeitete	kam	wusste	wurde	konnte
ich	—	suchte	arbeitete	kam	wusste	wurde	konnte
du	— st	suchtest	arbeitetest	kamst	wusstest	wurdest	konntest
er/sie/es	—	suchte	arbeitete	kam	wusste	wurde	konnte
wir	— (e) n	suchten	arbeiteten	kamen	wussten	wurden	konnten
ihr	— t	suchtet	arbeitetet	kamt	wusstet	wurdet	konntet
sie (Sie)	— (e) n	suchten	arbeiteten	kamen	wussten	wurden	konnten

Übung1　lernen の過去人称変化を練習しましょう

1．Vor 20 Jahren ＿＿＿＿＿ ich Deutsch.

2．Du ＿＿＿＿＿ in Paris kochen.

3．Peter ＿＿＿＿＿ auf dem Gymnasium Griechisch.

4．Meine Schwester und ich ＿＿＿＿＿ Klavier.

5．Ihr ＿＿＿＿＿ in der Schule fleißig.

6．In Japan ＿＿＿＿＿ Schüler Judo.

> s Gymnasium　ギムナジウム
> （9 年生の中高一貫校）
> Griechisch　ギリシャ語
> s Klavier ピアノ　fleißig 一生懸命に

Übung2　（　　）の動詞を過去形に変えて下線部に入れましょう

1．Albert Einstein ＿＿＿＿＿ in seiner Jugend für Mathematik begabt. (sein)

2．In München ＿＿＿＿＿ er das Gymnasium. (besuchen)

3．Er ＿＿＿＿＿ in Zürich. (studieren)

4．Von 1902 bis 1909 ＿＿＿＿＿ er bei dem Schweizer Patentamt in Bern. (arbeiten)

5．Inzwischen ＿＿＿＿＿ er schon einige der wichtigsten Werke. (veröffentlichen)

6．Von 1909 ＿＿＿＿＿ er an der Uni. (forschen)

7． Die Relativitätstheorie ＿＿＿＿＿ ihn weltberühmt. (machen)

8．Im Jahr 1922 ＿＿＿＿＿ er den Nobelpreis. (bekommen)

9．1932 ＿＿＿＿＿ er zum dritten Mal in die USA . (fahren)

10．Wegen des zunehmenden Antisemitismus ＿＿＿＿ er dort bleiben. (müssen)

11．Er ＿＿＿＿ dann in den USA und ＿＿＿＿ 1955. (leben　sterben)

12．1999 ＿＿＿＿ die Zeitschrift „Time-magazine" ihn zum Mann des Jahrhunderts. (wählen)

> veröffentlichen　公にする
> forschen　研究する
> bekommen　受ける
> leben 暮らす　sterbrn 死ぬ
> wählen　選ぶ

> in seiner Jugend 少年時代に　für et⁴ begabt ～に才能がある　s Patentamt 特許庁　inzwischen その間に
> wichtig 重要な　s Werk 著作・論文　weltberühmt 世界的に有名な　e Relativitätstheorie 相対性理論
> r Preis 賞　zum dritten Mal 3 回目　zunehmend 増大する　r Antisemitismus 反ユダヤ主義　e Zeitschrift 雑誌
> s Jahrhundert 世紀

Übung3 （　　　）の動詞を過去人称変化させ、下線部に入れましょう

1．Mozart und sein Vater _____ nach Italien.（reisen）

2．Brüder Grimm _____ Märchen und Sagen.（sammeln）

3．Im Jahr 1871 _____ das Deutsche Reich.（entstehen）

4．Nietzsche _____ das Buch：„Also _____ Zarathustra".（schreiben，sprechen）

5．Der Zweite Weltkrieg in Europa _____ 8. 5. 1945 zu Ende.（gehen）

6．1961 _____ man die Berliner Mauer.（bauen）

7．1963 _____ Kennedy in Berlin eine bekannte Rede.（halten）

8．Weizsäcker _____ 1984 der sechste Bundespräsident der BRD.（werden）

reisen 旅行する
e Sage 言い伝え
sammeln　収集する
s Reich 帝国
schreiben 書く
sprechen 話す
e Welt 世界
r Krieg 戦争
e Mauer 壁
bauen 建設する
bekannt 有名な
e Rede halten
　演説をする
r Bundes-
　präsident
　連邦大統領
e BRD
　ドイツ連邦
　共和国

Übung4 （　　）の動詞を過去形に変え、人称変化させ下線部に入れましょう

1．Vor 20 Jahren _____ er in Berlin.（wohnen）

2．Früher _____ an der Ecke zwei Hochhäuser.（stehen）

3．Er _____ die Prüfung.（bestehen）

4．Was _____ heute vor 50 Jahren?（geschehen）

5．Ein Unfall _____ in diesem Dorf _____.（statt|finden）

6．In Polen _____ manche Leute die politische Wende.（erwarten）

7．Die Solarfabrik _____ Solarstrommodule.（produzieren）

8．In Japan _____ viele Vulkane _____.（aus|brechen）

9．2006 _____ Doktor Yamanaka　iPS Zellen.（erzeugen）

10．Seine Eltern _____ sehr müde.（sein）

11．_____ du einmal in Deutschland?（sein）——Ja, im vorigen Jahr.

früher 以前は　an der Ecke 角に　s Hochhaus ビル　stehen 立っている　e Prüfung 試験　bestehen 合格する
geschehen 起こる　r Unfall 事故・事件　statt|finden 起こる　erwarten 期待する　manche 多くの　e Wende 転換
e Solarfabrik 太陽光工場　pl. Solarstrommodule 太陽光発電パネル　produzieren 生産する　r Vulkan 火山
aus|brechen 爆発する・折る　e Zelle 細胞　erzeugen 生み出す　müde 疲れた　einmal 一度

Übung5 文中の動詞を探し、過去形に直しましょう

1．Ein Knabe sieht ein Röslein. Es steht auf der Heiden. Es ist so jung und morgenschön. Er läuft schnell. Er spricht:„ Ich breche dich, Röslein!", und er bricht das Röslein.

2．Es ist einmal ein König. Seine drei Töchter sind alle sehr schön. Die jüngste ist aber so schön wie die Sonne. Einestages spielt das Königskind mit dem goldenen Ball. Sie nimmt den, wirft ihn in die Höhe. Aber sie können den Ball nicht fangen. Er fällt auf die Erde und verschwindet im Brunnen. Da weint sie immer lauter. Plötzlich kommt ein Frosch aus dem Brunnen und sieht sie an.

r Knabe 少年　e Heide 荒野　s Röslein 小さなバラ　morgenschön　朝焼けのように美しい　laufen 走る・歩む
schnell 速く　einmal かつて　r König 王　e Sonne 太陽　einestages ある日　nehmen 取る　werfen 投げる
in die Höhe 高所へ　fangen 受け取る　fallen 落ちる　e Erde 地面　verschwinden 消える　r Brunnen 噴水、泉
weinen 泣く　plötzlich 突然　r Frosch 蛙　an|sehen 見つめる

作り方：sein か haben のどちらかを助動詞として、過去分詞を文末に置く

主語 ＋ 助動詞（haben / sein）＋……＋動詞の過去分詞

> 枠構造：助動詞 haben /sein と
> 動詞の過去分詞で他の成分を囲む

Ich habe zu Mittag Spaghetti gegessen.　私はお昼にスパゲティを食べた

Ich bin gestern nach Sendai gefahren.　私は昨日仙台に行った

> seit「〜以来」が使える動詞

　1）**haben** 支配の動詞：他動詞、下記以外の自動詞、話法の助動詞

　2）**sein** 支配の動詞

> seit が使えない動詞
> ある時点で起こったこと

　　　①場所の移動を表す自動詞 kommen gehen fahren steigen

　　　②状態の変化を表す自動詞 werden sterben wachsen aufstehen einschlafen

　　　③その他の自動詞　sein　bleiben　geschehen　begegnen　gelingen

・決定疑問文　　Haben Sie zu Mittag Spaghetti gegessen?　お昼にスパゲティを食べましたか

・疑問詞つき疑問文　Was haben Sie zu Mittag gegessen?　お昼に何を食べましたか

・話法の助動詞は haben 支配：Ich habe heute ankommen müssen.　私は今日着かねばならなかった

用法：その時点で終了したこと　★口語では過去の表現に、過去形ではなく現在完了形を用いる

Übung1　日本文に合うように、＿＿＿＿ に haben か sein、＿＿＿＿ に過去分詞を入れましょう

1．Was ＿＿＿＿＿ du am letzten Sonntag ＿＿＿＿＿.（machen）　きみは先週の日曜日に何をしたの

2．Ich ＿＿＿＿＿ ins Einkaufszentrum ＿＿＿＿＿.（gehen）ショッピングセンターに行ったよ

3．Da ＿＿＿＿＿ ich Sportschuhe ＿＿＿＿＿.（kaufen）　そこでスポーツシューズを買ったんだ

4．＿＿＿＿＿ du dort etwas ＿＿＿＿＿?（essen）　そこで何か食べたの

5．Ja, ich ＿＿＿＿＿ zu Mittag ＿＿＿＿＿（essen）　und　zum Nachtisch ein Eis ＿＿＿＿＿.（bestellen）
ああ、お昼を食べてデザートにはアイスを注文したんだ

6．Wie ＿＿＿＿＿ es ＿＿＿＿＿.（schmecken）　どんな味だったの

7．Das ＿＿＿＿＿ sehr gut ＿＿＿＿＿.（schmecken）　とても美味しかったよ

8．Wann ＿＿＿＿＿ du ＿＿＿＿＿?（zurück|kommen）　何時に帰宅したの

9．Gegen 6 ＿＿＿＿＿ ich zu Hause ＿＿＿＿＿.（an|kommen）　6時ごろには家に着いたよ

10．Nach dem Abendessen ＿＿＿＿＿ ich meine Hausaufgaben ＿＿＿＿＿（machen), und fleißig ＿＿＿＿＿.（lernen）
夕食後には宿題をしたよ、勤勉に勉強したんだ

11．Wohin ＿＿＿＿＿ du am Wochenende ＿＿＿＿＿.（fahren）　きみは週末にどこに行ったの

12．Ich ＿＿＿＿＿ das ganze Wochenende mit meiner Familie zu Hause ＿＿＿＿＿（bleiben),　und ＿＿＿＿＿ mein Zimmer ＿＿＿＿＿ ＿＿＿＿＿.（räumen　müssen）　週末は家族といっしょにずっと家にいたし、部屋の片づけをし
なきゃいけなかった

13．Mein Onkel ＿＿＿＿＿ meine Familie ＿＿＿＿＿.（besuchen）　叔父さんが訪ねてきたんだ

Übung2　次の文章を（　　）内の副詞句を入れて、現在完了の文に書き換えましょう

1．Klaudia arbeitet den ganzen Tag.（gestern）　　　2．Mein Bruder fährt nach Deutschland.（im letzten Monat）

3．Maria und Michael spielen zusammen Tennis.（vorgestern）　　　4．An der Uni studiere ich Technik.

5．Wir machen eine Fete.（am Wochenende）　　　6．Ihr lernt Deutsch.（im vorigen Jahr）

7．Geht ihr ins Konzert?（am Sonntag）　　　8．Wohin fahren Sie?（im Urlaub）　　　9．Es regnet.（gestern）

Übung3　現在完了のドイツ文に訳しましょう（4以外は ich が主語）

1．今朝、私は6時半に起きました（heute morgen , auf | stehen）
2．7時15分前に朝食を食べました（frühstücken）
3．8時半に大学に着きました（in der Uni /Hochschule an | kommen）
4．授業は9時10分前に始まりました（der Unterricht , an | fangen）
5．昼食は学食で定食を食べました（in der Mensa , das Menü）
6．昨晩は10時から11時まで課題をしました（gestern abend）

Übung4　du に対しての質問文を書きましょう

1．今朝何時に（wann / um wieviel Uhr）起きたの？
2．何時に朝食を食べたの？
3．何時に大学に着いたの？
4．授業は何時に始まったの？
5．（昨日 gestern）昼食はどこで何を（ wo und was）食べたの？
6．昨晩は何時から何時まで勉強したの？

Übung5　Übung 4 を使ってクラスメートに質問し、聞き取った内容を文章にして書きましょう

1．　Er/Sie _____

Übung6　S.67の Übung4を現在完了の文に変えましょう（ ____ に助動詞、____ に過去分詞）

1．Vor 20 Jahren _____ er in Berlin _____ .（wohnen）
2．Früher _____ an der Ecke zwei Hochhäuser _____ .（stehen）
3．Er _____ die Prüfung _____ .（bestehen）
4．Was _____ heute vor 50 Jahren _____ ?（ geschehen ）
5．Ein Unfall _____ in diesem Dorf _____ .（statt | finden）
6．In Polen _____ manche Leute die politische Wende _____ .（erwarten）
7．Die Solarfabrik _____ Solarstrommodule _____ .（produzieren）
8．2006 _____ Doktor Yamanaka iPS- Zellen _____ .（ erzeugen ）
9．In Japan _____ viele Vulkane _____ .（aus | brechen）

| an\|schauen | 眺める |
| fern\|sehen | テレビを見る |

Übung7　下記の［　　］から適切な動詞を選び、過去分詞形にして _____ に入れましょう

［ an|schauen/ besuchen/ essen/ fahren/ fahren/ fern|sehen/ gehen/ kommen/ machen ］

In Winterferien habe ich viel _____ . Zu Weihnachten habe ich mit meinen Freunden ein Rockkonzert _____ . Am Ende Dezember bin ich mit dem Zug zu meinen Großeltern _____ . Dort bin ich mit meiner Kusine ins Kino _____ . Zwei Tage später ist meine Schwester _____ . Am Silvester haben wir zusammen _____ . Dann sind wir an die See _____ und haben den Sonnenaufgang _____ .Am Neujahrstag habe ich Zoni und Mochi mit Bohnenkonfitüren _____ .

pl.Winterferien 冬休み　e Kusine 従姉妹　s Kino 映画館　später 後に　Silvester 大晦日
e See 海　r Sonnenaufgang 日の出　r Neujahrstag 元日　pl. Bohnenkonfitüren あんこ

Lektion 30　受動態 / 過去分詞の用法

動作受動（他動詞）

助動詞 werden を定形第２位に、動詞の過去分詞を文末に置く

［能動態］：Ich schenke ihm den Stift.　私は彼にペンを贈る

［受動態］：Der Stift wird　ihm von mir geschenkt.　ペンが私から彼に贈られる

主語 + werden +……（von + 3格／durch + 4格）+ 過去分詞

枠構造：
助動詞 werden と動詞の過去分詞で他の成分を囲む

Übung1　次の能動態（現在形）の文を受動態（現在形）の文に変えましょう

1．Europäer lesen auch gern Haruki Murakami.

2．Viele Männer spielen in Süd-Amerika Fußball.

3．In Japan lernen Schüler in der Mittelschule Judo.

4．In Deutschland isst man auch gern Tofu.

5．Im Sommer besuchen viele Touristen Berlin.

6．Die Bäckerei öffnet man um 6 Uhr.

pl. Europäer ヨーロッパ人
e Mittelschule 中学校
r Tourist 旅行者
e Bäckerei パン屋
öffnen 開ける

受動態過去：主語 + wurde- +……+ 過去分詞

Der Stift wurde　ihm von mir geschenkt. ペンが私から彼に贈られた

Einstein wurde am 14. März 1879 in Ulm geboren. アインシュタインは1879年３月14日にウルムで生まれた

Übung2　次の能動態（過去形）の文を受動態（過去形）の文に変えましょう

1．Luther übersetzte die Bibel ins Deutsch.

2．Napoleon brachte die Quadriga nach Paris.

3．Brüder Grimm sammelten viele Märchen.

4．Thomas Mann schrieb „die Buddenbrooks".

5．1961 baute man die Berliner Mauer.

6．1922 verlieh man Einstein den Nobelpreis.

7．2009 wählte man Barack Obama zum Präsidenten.

8．Otto Frank veröffentlichte das Tagebuch von Anne Frank.

9．Das Erdbeben zerstörte das Land .

übersetzen 翻訳する　bringen 持ってくる
e Quadriga カドリガ（ブランデンブルク門上の馬車の彫像）
sammeln 集める　schreiben 書く　bauen 建設する
e Mauer 壁　verleihen 付与する　wählen 選ぶ
veröffentlichen 出版する　s Tagebuch 日記
s Erdbeben 地震　zerstören 破壊する　s Land 国

受動態現在完了：主語 + sein +……+ 過去分詞 + worden.

Der Stift ist ihm von mir geschenkt worden.　ペンは私から彼に贈られた

Ich bin am 22. Juni 1990 in Izu geboren　[worden]. 私は1990年６月22日に伊豆で生まれた

Übung3　「いつ生まれたのか」という質問文になるように＿＿に単語を入れ、答えましょう

1．Wann _____ Luther _____? (10. 11. 1483)　　2．Wann _____ Merkel _____? (17. 7. 1954)

3．Wann _____ du _____?　　　　　　　　　　4．Wann _____ deine Großmutter _____?

70

Übung4　次の能動態（現在完了）の文を受動態（現在完了）の文に変えましょう

1．Frau Meyer hat mich zum Mittagessen eingeladen.
2．Mein Onkel hat schon die kaputte Fahrräder repariert.
3．Gestern hat Meine Frau dir das Gepäck geschickt.
4．Die Polizei hat den Verbrecher festgenommen.
5．Die Anhänger haben die Konzertkarten alle ausgekauft.
6．Man hat die Studenten mit dem Preis ausgezeichnet.

ein|laden 招待する　s Fahrrad 自転車
reparieren 修理する　s Gepäck 荷物　schicken 送る
e Polizei 警察　r Verbrecher 犯罪者
fest|nehmen 逮捕する　r Anhänger ファン
aus|kaufen 買い尽くす　r Preis 賞
aus|zeichnen 顕彰する

Übung5　受動態現在完了の文を作りましょう

例) mein Auto, schon reparieren　_Mein Auto ist schon re-_
pariert worden.

1．das Paket, vor zwei Tagen per Post schicken
2．der Schokoladekuchen, schon ganz essen
3．seine Großeltern, vom Bahnhof abholen
4．die Comics, ins Deutsch übersetzen
5．die E-mail, gerade schreiben
6．die Wäsche, aufhängen（疑問文で）
7．40 Menschen, bei dem Unfall verletzen
8．Peter, ins Krankenhaus bringen

s Paket 小包　per Post 郵便で
ganz すべて　r Bahnhof 駅
ab|holen 迎えに行く　pl. Comics 漫画
übersetzen 翻訳する　gerade ちょうど
schreiben 書く　e Wäsche 洗濯物
auf|hängen 掛ける　r Mensch 人間
r Unfall 事故　verletzen 傷つける
s Krankenhaus 病院　bringen 連れて行く

話法の助動詞文の受動態（過去）：主語＋話法の助動詞―＋…＋過去分詞＋ werden
　Das Fahrrad kann (konnte) schon repariert werden.　その自転車はもう修理できる（できた）
話法の助動詞文の受動態（現在完了）：主語＋ haben ＋…＋過去分詞＋ werden ＋話法の助動詞過去分詞
　Das Fahrrad hat schon repariert werden können.　その自転車はもう修理できた
※ sollen（～らしい）、können（～かもしれない）、müssen（～に違いない）など主観的表現の場合
　Das Fahrrad kann schon repariert worden sein.　その自転車はもう修理されたかもしれない

Übung6　Übung5 の 3 の問題文に müssen を入れ、2 通りのドイツ文を作りましょう

1．彼の祖父母はもう送迎されてきていなければいけない
2．彼の祖父母はもう送迎されてきたに違いない

状態受動「～された状態である」：　主語＋ sein 動詞 ＋……＋過去分詞
［状態受動］Die Bäckerei ist montags geschlossen.　そのパン屋さんは月曜日は閉まっています
［動作受動］Die Bäckerei wird um 20 Uhr geschlossen.　そのパン屋さんは20時に閉められます

Übung7　日本文に合うように状態受動のドイツ文を作りましょう

1．窓は開いている
2．美術館は月曜日は閉まっている
3．残念ながらテーブルはすべてふさがっている
4．コンサート（チケット）はすでにもう売り切れた
5．君たちは招待されている（おごりだ）よ

s Fenster 窓　öffnen 開ける　s Museum 美術館
montags 月曜日に　schließen 閉める　leider 残念ながら
r Tisch テーブル　ganz まったく　besetzen 占有する
s Konzert コンサート　aus|verkaufen 売り尽くす
ein|laden 招待する / 無料でご馳走する

> 受益受動：能動態時の3格を主語とする受動態の文
>
> 主語 + bekomen（kriegen）+…4格 + 過去分詞
>
> ［能動態］ Ich schenke ihm einen Stift.　私は彼にペンを贈る
>
> ［受動態］ Er bekommt（kriegt）（von mir）einen Stift geschenkt. 彼は（私から）ペンを贈られる
>
> ※ lassen を用いた受動表現（S.77参照）：Er lässt sich³（von mir）einen Stift schenken.

Übung8　次の文を下線部を主語にして書き換えましょう

1．Er bezahlt mir das Essen.
2．Sie schickt ihren Großeltern ein Photoalbum.
3．Die Schüler schenken der Lehrerin einen Blumenstrauß.

> bezahlen 支払う　schicken 送る
> s Photoalbum 写真集
> pl. Schüler 生徒　e Lehrerin 教師（女）
> e Blume 花　r Strauß 花束

> 自動詞の受動態：仮主語 es をたてる（☆その es を省略することも多い）
>
> ［能動態］　主語 + 自動詞 +……：Sie hilft ihm beim Üben.　彼女は彼が練習するのを手助けする
>
> ［受動態］　Es wird……自動詞の過去分詞：　Es wird ihm（von ihr）beim Üben geholfen.
>
> ☆ es を省略した主語のない文：単語・句 + wird…過去分詞：Beim Üben wird ihm geholfen.
>
> 　Man streitet darüber heftig und laut.　そのことについて激しく大きな論争がある
>
> 　Es wird darüber heftig und laut gestritten. = Heftig und laut wird darüber gestritten.
>
> 　（= Darüber lässt [es] sich streiten.）※ lassen を使った受動表現は S.77参照

Übung9　日本語に合うようにドイツ文を書きましょう

1．祭りでは（beim Fest）熱狂的に（begeistert）踊られる（tanzen）
2．日本では（in Japan）日曜日でも（auch am Sonntag）働くことがある（arbeiten）
3．クリスマス前に（vor Weihnachten）もう（schon）たくさん（viel）寄付が（spenden）なされている

> 過去分詞単独の用法：形容詞のように用いられる（他動詞由来は受動、自動詞由来は完了の意味）
>
> ・付加語的に（haben 支配の自動詞は付加語的には使わない）「された」「した」
>
> 　gekochtes Ei ゆで卵　das eingeschlafene Kind 寝入った子ども（× das geschlafene Kind）
>
> 　das vergangene Jahr 去年　eine geschlossene Gesellschaft 内輪の（閉ざされた）会合
>
> ・名詞化：der/ die Verletzte 負傷者（男性/女性）　der/ die Erwachsene 大人（男性/女性）
>
> ・述語的・副詞的に（完全に形容詞化したもの）：verheiratet 結婚した　ausgezeichnet 卓越した
>
> 　gespannt （期待で）緊張した　　Ich bin gespannt. 私は緊張して（期待に満ちて）いる

Übung10　（　）内の動詞を過去分詞にし、適切な語尾をつけて ＿＿＿ に入れ、訳しましょう

1．（vereinigen）die ＿＿＿＿ Staaten von Amerika / das ＿＿＿＿ Deutschland
2．（vereinen）die ＿＿＿＿ Nationen　3．（einen）in Vielfalt ＿＿＿＿
4．（ab|ordnen）der A＿＿＿＿　　　　5．（versterben）der V＿＿＿＿

Lektion 31　zu 不定詞句 / 非人称 es（3）仮主語

（zu のない）不定詞（不定形）

頭文字を大文字書きして中性名詞として用いられる（「～すること」の意味）

Das Rauchen schadet deiner Gesundheit.	喫煙は君の健康を損なう
Rauchen verboten!	喫煙禁止
Ich bin gerade beim Lesen .	私はちょうど読書中だ
Bei uns gibt es viele Produkte zum Mitnehmen.	私たちのところでは多くの産物がお持ち帰りできます

Übung1　以下の文法事項のうち、「zu のない不定詞」を使うものに○をつけましょう

werden を助動詞とする受動　　sein を助動詞とする状態受動　　話法の助動詞　　使役動詞 lassen
知覚動詞 sehen　　gehen　　helfen　　bekommen を使う受動態　　haben を助動詞とする完了形
sein を助動詞とする完了形

zu 不定詞

zu 不定詞	zu sehen（分離動詞の場合 anzusehen）　～すること
（完了）不定詞	gesehen zu haben　　　　　　　　　　～したこと

zu 不定詞を sein、haben、brauchen、scheinen などとともに用いる熟語的表現

sein + zu 不定詞「～されうる、～されなければならない」= können、müssen　＋受動態

Das U-Bahn System ist leicht zu benutzen.	地下鉄のシステムは簡単に利用できる
Der freie Wille ist zu respektieren.	自由意思は尊重されねばならない
Die Aufgabe ist leicht zu lösen.	この課題は解く（解かれる）のが易しい

　= Die Aufgabe kann leicht gelöst werden.（können ＋過去分詞＋ werden）
　= Die Aufgabe lässt sich leicht lösen　（lassen ＋ sich ＋不定詞）
　= Man kann die Aufgabe leicht lösen.

haben + zu 不定詞「～しなければならない」

Heute habe ich viel zu tun.	私は今日たくさんすることがある

brauchen + zu 不定詞「（否定詞と共に）～をする必要がない、(nur と共に) ～だけしていればいい」

Du brauchst nicht mehr zu warten.	君はもう待っている必要はない

scheinen + zu 不定詞「～のように思われる」

Er scheint zu schlafen.	彼は眠っているようにみえる
Er scheint krank〔zu sein〕.	彼は病気のようだ
Er scheint das Buch verloren zu haben.	彼は本を失くしたようだ

Übung2　_____ に sein、haben、brauchen、scheinen のいずれかを、（　　）に können、müssen、werden のいずれかを適切な形で入れましょう

１．Die Vorfahrt _____ zu beachten. = Man （　　　　）die Vorfahrt beachten.

２．_____ du heute noch etwas zu tun? = （　　　　）du heute noch etwas tun?

３．Du _____ nur das zu tun. = Du （　　　　）nur das tun.

４．Mein Handy _____ kaputt zu sein.

５．Dieses kaputte Gerät _____ nicht mehr zu benutzen.

　　= Dieses Gerät （　　　　）nicht mehr benutzt （　　　　）.

　　= Man （　　　　）dieses Gerät nicht mehr benutzen.

６．Klaudia _____ mir erschöpft zu sein.

> e Vorfahrt 優先通行権　noch まだ
> beachten（規則などを）守る　etwas 何か
> s Handy 携帯電話　kaputt 故障している
> erschöpft 消耗している

非人称の es は、（性を問わず）語句、文の内容、zu 不定詞句、dass などの副文の内容を先取りする

Es ist vorgestern ein schwerer Unfall passiert.　一昨日重大な事故が起こった

Es freut mich, dass ich dich kennengelernt habe.　君と知り合いになったことがうれしい

zu 不定詞（句）を「～すること」の意味で用いる名詞的用法

Fremdsprache zu lernen ist sehr schwer.　外国語を学ぶのはとても難しい

Richtig Energie zu sparen ist für den Umweltschutz wichtig.
正しくエネルギーを節約することは環境保護にとって重要だ

▶ es や da［r］＋前置詞（da は指示代名詞）が、後続の zu 不定詞句を先取りする場合

Es ist sehr schwer, Fremdsprache zu lernen.　外国語を学ぶのはとても難しい

Es ist interessant, durch Solarstrom Energie zu sparen.　太陽光発電でエネルギーを節約することは興味深い

Ich bin froh darüber, Sie kennenzulernen.　あなたと知り合いになれてうれしい

Sie ist stolz darauf, schwierige Prüfung bestanden zu haben.　彼女は難しい試験に合格したことを誇りにしている

Übung3　（　　）内の語句を zu 不定詞句にして下線部に入れましょう

1．Sie hat vor, ＿＿＿＿＿＿＿＿＿＿＿＿. (neue Schuhe kaufen)

2．Ich bin schon gewohnt, ＿＿＿＿＿＿＿＿＿＿. (früh auf|stehen)

3．Er lehnte es ab, ＿＿＿＿＿＿＿＿＿＿. (bei der Firma arbeiten)

4．Es ist mir nicht möglich , ＿＿＿＿＿＿＿＿＿＿. (mit ihm um|gehen)

5．Sie ist davon überzeugt, ＿＿＿＿＿＿＿＿＿＿. (es gesehen haben)

6．Er musste aufgeben, ＿＿＿＿＿＿＿＿＿＿. (nächste Woche nach Deutschland fahren)

vor | haben つもりだ
gewohnt sein
　～に慣れている
ab | lehnen 拒否する
e Firma 会社
möglich 可能だ
mit jm um | gehen
　～と交際する
von et³ überzeugt sein
　～を確信している
auf | geben 諦める
nächste Woche 来週

zu 不定詞（句）で名詞を修飾する形容詞的用法　名詞などの付加語として

Hast du Lust, ins Kino zu gehen?　君は映画（を見）に行く気はある？

Soll ich etwas zu trinken abholen?　何か飲み物を取ってきましょうか？

zu 不定詞（句）の副詞的用法

「um …zu 」～するために　Viele Leute kommen nach Berlin, um viel zu besichtigen.
多くの人々がたくさん観光するためにベルリンを訪れる

「ohne…zu 」～することなしに Du musst langsamer fahren, ohne andere Autos zu überholen.
君は他の車を追い越さないで、もっとゆっくり運転しなければいけない

「（an）statt…zu 」～の代わりに Sie arbeitete zu Hause, anstatt in die Stadt zu gehen.
彼女は街に出る代わりに家で勉強した

Übung4　日本語に合うようにドイツ語で文を作りましょう

1．私は今日（heute）、君といっしょにカフェ（s Café）に行く暇（e Zeit）はない

2．彼には、その有名な（berühmt）女優（Schauspielerin）と話をする機会（e Gelegenheit）があった

3．ここには（hier）食べ物は何もない（nichts）の（es gibt）？

4．私はより健康な食事をするために（gesünder essen）ビオスーパー（r Biosupermarkt）に行く

5．日本では代金を払わずに（dafür zahlen müssen）レストラン（Restaurant）で水（Wasser）を飲める

74

再帰代名詞：文中の主語と同じ人・物を指す２、３、４格の人称代名詞

1格	ich	du	er	sie	es	wir	ihr	sie	Sie
2格	meiner	deiner	seiner	ihrer	seiner	unser	euer	ihrer	ihrer
3格	mir	dir				uns	euch		
4格	mich	dich		sich		uns	euch	sich	sich

・再帰代名詞（単独）の用法

an sich⁴ それ自体　　außer sich³ sein 我を忘れている

etwas hinter sich⁴ bringen ～を済ませる　　　　　　in sich⁴ gehen 反省する

etwas bei sich³ haben ～を（身につけて）持っている　um sich⁴ sehen 周りを見る

Übung1　指示に従い主語を変え、文章全体を適切な形に書き換えましょう

1．Ich denke immer an mich. （主語を er に）

2．Er ist außer sich. （sich³）（主語を ich に）

3．Ich habe mein Examen schon hinter mich gebracht. （主語を du に）

4．Hast du Geld bei dir? （主語を Sie に）

immer　いつも
s Examen　試験
schon　すでに
s Geld　お金

再帰動詞：再帰代名詞を使う動詞　（完了形は haben 支配）

sich⁴ auf etwas⁴ setzen　～に座る

Er setzt seinen Sohn （= ihn） auf den Stuhl.　彼は彼の息子（＝彼）を椅子に座らせる

Er setzt sich　auf den Stuhl.　彼は（自分を椅子に座らせる）椅子に座る

Ich setze mich auf den Stuhl.　私は（自分を椅子に座らせる）椅子に座る

Übung2　＿＿＿＿ に適切な再帰代名詞を、＿＿＿＿ に前置詞を入れ、訳しましょう

1．Wofür interessieren Sie ＿＿＿ jetzt? ——— Ich interessiere ＿＿＿ ＿＿＿＿ Musik.

2．Haben Sie ＿＿＿ in diesem Winter erkältet? —— Ja, aber ich habe ＿＿＿＿ schon erholt.

3．Seit längeren Wochen freut ＿＿＿ meine Tochter dar ＿＿＿ , in den Ferien an die See zu fahren.

4．Ich erinnere ＿＿＿ noch ＿＿＿＿ ein Ereignis in meiner Jugendzeit.

5．Ein guter Vater sorgt ＿＿＿ immer ＿＿＿＿ seine Kinder.

6．Hast du ＿＿＿ ＿＿＿＿ sein Geschenk gefreut?

7．Du darfst ＿＿＿ nicht immer verspäten.

8．Sabine ärgert ＿＿＿ ＿＿＿＿ ihre Mutter.

9．Bewirb ＿＿＿ ＿＿＿＿ der Firma!

10．Stellen Sie ＿＿＿ bitte vor!

längere Woche 数週間
pl. Ferien 長期休暇
e See 海　s Ereignis 事件
e Jugendzeit 少年時代

<table>
<tr><td>

4格の再帰代名詞をとる再帰動詞

sich⁴ baden　入浴する

sich⁴ duschen　シャワーを浴びる

sich⁴ erholen　元気になる

sich⁴ erkälten　風邪をひく

sich⁴ fühlen　感じる

sich⁴ verspäten　遅刻する

sich⁴ vor|stellen　自己紹介する

sich⁴ befinden　〜にある、いる

</td><td>

特定の前置詞とともに用いる熟語的表現

sich⁴ über jn/et⁴ ärgern　〜に腹を立てる

sich⁴ an et⁴ erinnern　〜を思い出す／憶えている

sich⁴ auf et⁴ freuen　〜を楽しみにする（未来）

sich⁴ an et³ freuen　〜を喜ぶ（現在進行中のことを）

sich⁴ über et⁴ freuen　〜を喜ぶ（すでに起こったことを）

sich⁴ für et⁴ interessieren　〜に興味を持つ

sich⁴ um et⁴ kümmern　〜に気を配る

sich⁴ an//bei/um et bewerben　〜に応募する

sich⁴ um et⁴/jn sorgen　〜を心配する

sich⁴ mit jm über et⁴ unterhalten　〜と〜について歓談する

</td></tr>
</table>

3格の再帰代名詞をとる再帰動詞

sich³ et. an|sehen　〜をよく見る

sich³ et. vor|stellen　〜を想像／イメージする

sich³ et. wünschen　〜を願う

所有の3格（身体部位などを表す4格の名詞と共に用いる）

Ich wasche mir das Gesicht.　私は（私の）顔を洗う

利害・獲得の3格（省略する場合もある）

Ich kaufe [mir] eine Tasche.　私は（自分に）バッグを買う

Übung3　____に適切な再帰代名詞を入れ、訳しましょう

１．Ich wünsche _____ zu Weihnachten einen Laptop.

２．Wir haben _____ den Mann als Idealist vorgestellt.

３．Wascht _____ die Hände vor dem Essen!

４．Vorgestern habe ich _____ ein Buch gekauft.

５．Was ist denn mit ihm los? —— Er hat _____ den Finger gebrochen.

所有の3格

sich³ die Hände waschen　手を洗う

sich³ das Gesicht waschen　顔を洗う

sich³ den Arm brechen　腕を折る

sich³ das Haar (die Haare) kämmen　髪をとかす

zu Weihnachten クリスマスに

r Laptop ノートパソコン　r Idealist 理想主義者

vorgestern 一昨日　denn いったい　los 起こる

※**利害の3格**（再帰代名詞ではない場合）

Dem Mädchen sind die Eltern gestorben. その娘は両親に死なれた

関心の3格（1、2人称に限られる）　Fall mir nicht über die Steine !　石に躓いて転ばないでね

Du kommst mir wieder zu spät.　君はまた（私にとって）遅く来たんだね

> 相互代名詞 einander　☆すべての人称に使われる　（今では再帰代名詞を用いる方が普通）
>
> 　Wir helfen einander ＝ Wir helfen uns.　私たちは互いに助け合う
>
> ・前置詞と用いる場合は融合形にする：Sie stehen nebeneinander.　彼らは並んで立っている

Übung4　＿＿＿に einander か再帰代名詞を入れ、和訳しましょう

1．Sie reden mit ＿＿＿.　　2．Sie reden mit ＿＿＿＿＿.

3．Wir verstehen ＿＿＿ gut.　　4．Lassen Sie ＿＿＿＿ nicht streiten.

5．Wann und wo wollen wir ＿＿＿＿ heute Abend treffen?

> reden 語る　streiten 争う
> verstehen 理解する
> heute Abend 今晩

> 再帰動詞や lassen を使った様々な表現
>
> sich ＋結果を表す形容詞＋動詞　「～した結果、ある状態になる（～まで～する）」
>
> Er hat sich satt geschlafen（gegessen）. 彼は飽きるほど寝た（満腹になるまで食べた）
>
> 無生物が主語の再帰的表現　主語＋他動詞＋ sich ＋形容詞＝主語＋ lassen ＋ sich ＋形容詞＋他動詞
>
> Das Buch verkauft sich gut. ＝ Das Buch lässt sich gut verkaufen. その本はよく売れている
>
> 非人称主語 es を用いた熟語表現「Es handelt sich⁴ bei³A　um ～「A では～が問題（重要）である」
>
> Bei dem Text handelt es sich um ein Teil des Romans. 次のテキストはその長編小説の一部です
>
> [es] ＋ sich ＋不定詞＋ lassen「（それは）～し得る）」＝ 過去分詞＋ werden ＋ können ＝ zu ＋不定詞＋ sein
>
> Eine deutliche Tendenz lässt sich erkennen. ある明らかな傾向が見られる
>
> ＝ Eine deutliche Tendenz kann erkannt werden. ＝ Eine deutliche Tendenz ist zu erkennen.
>
> sich³（von jm）etwas⁴ 不定詞＋ lassen ＝ etwas⁴ 過去分詞＋ bekommen　（s. S. 受動態）
>
> Ich lasse mir ein Buch schenken ＝ Ich bekomme ein Buch geschenkt. 私はその本を贈られた

Übung5　＿＿＿＿＿ に再帰代名詞を、＿＿＿＿＿ に前置詞を入れ、訳しましょう

1．Hast du ＿＿＿＿＿ müde gearbeitet?

2．Die Tür will ＿＿＿＿＿ nicht öffnen.

3．Das Auto fährt ＿＿＿＿＿ leicht.

4．Das Ganze lässt ＿＿＿＿＿ nicht erklären.

5．Wir lassen ＿＿＿＿＿ von einer Frau helfen.

6．An der Kreuzung hat ＿＿＿＿＿ ein schwerer Unfall ereignet.

7．Bei den Verdächtigen handelt es ＿＿＿＿＿ ＿＿＿＿＿ drei Männer und eine Frau.

> müde 疲れる　e Tür 戸　öffnen 開ける　leicht 容易に、簡単に
> ganz 全て　erklären 解明する　helfen 助ける　e Kreuzung 交差点
> schwer 重大な　r Unfall 事故　sich ereignen 起こる
> verdächtig 嫌疑のある

並列の接続詞　◎語順：並列の接続詞＋主語など＋定動詞＋……

・Du magst Fleisch, und ich mag Fisch.　君は肉を好み、そして私は魚を好む

　und そして　aber しかし　oder あるいは　denn なぜなら、というのも

　sondern そうではなく　sowohl ～と同様　doch しかし、そうはいっても

Übung1　（　　）内の接続詞を使って2つの文を結びましょう

１．Du musst zu Hause bleiben. Eine Frau besucht dich.（und）

２．Sie arbeitet fleißig. Ihr Mann bleibt zu Hause.（aber）

３．Ich bleibe zu Hause. Es ist draußen sehr kalt.（denn）

> bleiben ずっといる　besuchen 訪問する
> fleißig 一生懸命に　faul 怠けて
> draußen 外は　kalt 寒い

副詞的接続詞（接続詞的副詞）　◎語順：副詞的接続詞＋定動詞＋主語＋……

・Wir fahren 30 Minuten, dann kommen wir in Berlin an. 車で30分行くとベルリンに着きます

　so　それで　also だから　deshalb, deswegen 、daher 、dadurch それゆえに　dann それから

　dennoch それにもかかわらず　　　trotzdem それにもかかわらず

　doch しかし、そうはいっても　allerdings ただし　inzwischen そうこうするうちに

Übung2　（　　）内の接続詞を使って2つの文を結びましょう

１．Ich gehe zu dir. Wir fahren in die Stadt.（dann）

２．Kinder spielen gern draußen. Es ist kalt.（trotzdem）

３．Ich bleibe zu Hause. Es ist draußen sehr kalt.（deshalb）

> e Stadt 街

相関的接続詞

nicht A , sondern B　A でなく B

　Gestern bin ich nicht zur Schule gegangen, sondern wir haben ihn im Krankenhaus besucht.
　　昨日私は通学したのではない、私たちは彼を病院に見舞った

nicht nur A, sondern auch B　A だけでなく B も

　Er ist nicht nur klug, sondern auch zuverlässig.　彼は賢いだけでなく、信頼できる

sowohl A als auch B　A も B も

　Er spricht sowohl Englisch als auch Deutsch.　彼は英語だけでなくドイツ語も話す

entweder A oder B　A か B か

　Entweder mein Bruder oder meine Schweater holt dich ab.　私の兄か姉かが君を迎えに行く

weder A noch B　A でも B でもない

　Ich habe weder Zeit noch Geld.　私には暇も金もない

zwar …, aber ～　たしかに…だが、しかし～

　Er ist zwar klein, aber sehr kräftig.　彼はたしかに小柄だが、とてもたくましい

Übung3　＿＿＿＿ に適切な単語を入れましょう

１．Energiesparlampen sparen ＿＿＿＿ Strom, ＿＿＿＿ gar nicht umweltfreundlich.

２．＿＿＿＿ hörst du auf zu rauchen, ＿＿＿＿ ich mache mit dir Schluss.

> e Lampe 電球　sparen 節約する　r Strom 電流、電気　umweltfreundlich 環境にやさしい
> auf|hören 止める　rauchen 喫煙する　mit jm Schluss machen 〜との交際をやめる

従属の接続詞　◎語順：従属の接続詞＋主語など＋……＋定動詞（または動詞＋助動詞）

・副文＋主文　Wenn es morgen regnet, kommt er nicht.　明日雨が降るなら、彼は来ません

・主文＋副文　Er fährt Fahrrad, trotzdem es regnet.　雨が降るのに、彼は自転車に乗っている

　　　　　　　Es ist wichtig , dass er morgen zu uns kommt.　彼が明日我々のもとに来ることが大事だ

> 副文の動詞は
> 文末（定形後置）

時　　als 〜したとき（過去、１回限り）　wenn 〜するときには（いつも）　bevor 、ehe 〜する前に 英 before

　　　nachdem 〜した後で　bis 〜するまで 英 untill　seit [dem] 〜以来

　　　während 　〜の間 英 while　sobald 〜するやいなや

理由　　weil（論理的）〜なので 英 because　da 〜（現に）〜だから 英 as

条件　　wenn もし〜なら 英 if　　falls もし〜の場合は　　solange 　〜の限りは、〜の間は

譲歩・認容　　obwohl、obgleich 　〜にもかかわらず 英 although　　trotzdem 〜にもかかわらず

　　wenn auch たとえ〜であっても　auch wenn たとえ〜であっても /（事実）〜ではあるけれど

目的　　damit 〜するために 英 in oder that

手段　　indem 〜することで

様態　　wie 〜のように

名詞的　　dass 〜ということ 英 that　　ob 〜かどうか 英 whether, if　　wo などの疑問（代名）詞

> 副詞との違いに注意！
> damit それと共に　seitdem それ以来　danach その後

Übung4　「病気なので、今日はミヒャエルは来ない」という文意に即して「da、deshalb、denn、weil」の中から適した接続詞を選び　_____　に入れましょう

１．Michael ist heute krank, _____ kommt er heute nicht.

２．Michael kommt heute nicht, _____ er ist krank.　　後から根拠を述べる

３．_____ Michael heute nicht kommt, muss er krank sein.　　知ってのとおり〜だから

４．Michael kommt heute nicht, _____ er krank ist.　　論理的な理由・原因

Übung5　（　　）に適切な接続詞を入れ、訳しましょう

１．Es regnet immer, （　　　　） du nach Yokohama kommst.

２．Können Sie bitte mir sagen, （　　　　） ich zum Bahnhof komme?

３．Viele Leute zeigen ihre Meinung , （　　　　） sie an der Demonstration teilnehmen.

４．（　　　　） wir den Zug verpasst haben, müssen wir darauf verzichten, den Film zu sehen.

５．Warum haben wir vier Jahreszeiten? —— （　　　　） die Erde sich um die Sonne dreht.

６．Es lässt sich vermuten, （　　　　） etwas Schlimmes passiert ist.

７．（　　　　） er das Studium beendet hat, habe ich ihn nicht gesehen.

８．Weißt du schon, （　　　　） du an Heiligabend mit deiner Familie feierst oder mit deinen Freunden?

９．（　　　　） die Kinder eingeschlafen sind, haben wir die Geschenke unter den Baum gelegt.

10．Die Kinder können kaum Weihnachten erwarten, （　　　　） es endlich da kommt.

11．Man hält manche Tiere als Haustiere, （　　　　） man andere isst.

12．Im Stadion ohne Dach war es so kalt, （　　　　） wir uns mit heißen Glühwein wärmen mussten.

> 副文（定形後置）のとき
> 分離動詞の前つづりは分離しない

> als：〜したとき 英 as
> 　〜として 英 as
> 比較級〜より 英 than

79

pl. Leute 人々　zeigen 示す　e Meinung 意見　e Demonstration デモ　an et³ teil|nehmen 〜に参加する　r Zug 列車
verpassen（4格に）乗り遅れる　auf et⁴ verzichten 〜を諦める　r Film 映画　warum なぜ　pl. Jahreszeiten 季節
e Erde 地球　e Sonne 太陽　sich drehen 回る　vermuten 推測する　schlimm 悪い　（es）passiert（事件などが）起こる
s Studium（大学での）勉強　beenden 終える　r Heiligabend クリスマスイヴ　feiern 祝う　ein|schlafen 寝入る
s Geschenk 贈り物　r Baum 木　legen 置く　kaum ほとんど〜ない　s/pl.Weihnachten クリスマス　erwarten 待ち望む
endlich ついに　halten 飼う　s Tier 動物　s Haustier ペット　ander 他の　s Stadion スタジアム　s Dach 屋根
r Glühwein グリューヴァイン　sich wärmen 暖まる

Übung6　次の文をドイツ語に訳しましょう

1．君は僕を訪ねる（besuchen）前には、（unbedingt）電話をして（anrufen）くれないといけないよ
2．彼がまだ（noch）そこに住んでいる（wohnen）のかどうか、ご存知（wissen）ですか
3．新刊本（das neue Buch）が面白く（interessant）て、夜遅くまで（bis tief in die Nacht）読ん（lesen）だ
4．彼女は猫（e Katze）の耳（pl. Ohren）を撫で（streicheln）て、（sich⁴ etwas³ nähern）手なずけた
5．高速（e Autobahn）が渋滞（r Stau）していた（es gibt）ので、彼らは遅れて（zu spät）ハンブルクに
　着いた（ankommen）

◎現在形と現在完了形、過去形と過去完了形の時間関係（　　　内がもう一方より以前のできごと）
・Als ich am Bahnhof ankam, war der letzte Zug bereits abgefahren.
（副文）過去形：私が駅に着いたとき、（主文）過去完了：最終電車はすでに出発してしまっていた
・Seitdem ich ihn gesehen habe, gehe ich mit ihm um
（副文）現在完了：（以前に）彼に会って以来、（主文）現在形：今も彼とつきあっている
◎副文が助動詞＋現在（過去）完了のときの語順「, 接続詞…haben（sein）＋不定詞＋助動詞過去分詞」
Ich weiß nicht, ob er hat umziehen können. 彼が引っ越すことができたのかどうか、私は知らない

Übung7　次の文をドイツ語に訳しましょう

1．私が今朝（heute früh）7時に起きて（aufstehen）以来、まだ雪が降って（es schneit）いる
2．彼が起きたとき、雪はもうやんでいた（過去形と過去完了で）（zu ＋不定詞 ＋ auf|hören 〜が止む）
3．彼は、列車がすでに出発してしまったに違いないと思って（glauben）いる

Wenn の省略
　Sollte es morgen regnen, findet das Fest nicht statt. 万一明日雨が降るなら、祭りは開催されない
譲歩・認容　auch wenn「仮に〜であっても」　wenn auch「仮に〜であっても、事実〜ではあるが」
　Auch wenn es schneit, fahren die Züge ab.　雪が降るとしても、列車は出発します
　Wenn es auch heute regnet, kann morgen kein Regen fallen.　今日は雨が降ってはいるが、明日は降らないかもしれない
☆「〜しようとも」の意味の認容文では、主文の定動詞の位置は定形正置（譲歩文は一種の挿入文）
　Was auch immer der Professor sagt（sagen mag）, ich kann ihn nicht glauben.
　　　　　　　　　　　　　　　　　教授が何を言おうとも、私は彼のことは信じられない

Übung8　次の文を日本語に訳しましょう

1．Auch wenn das Wetter schlecht ist, gibt es viele Möglichkeiten zu tun.
2．Wenn es auch unmöglich scheint, ich will Schwierigkeiten überbrücken.

s Wetter 天気　schlecht 悪い　viel たくさんの　pl. Möglichkeiten 可能性、可能なこと　tun する
unmöglich 不可能に　scheinen 思える　pl. Schwierigkeiten 困難なこと　überbrücken 橋を架ける

（定）関係代名詞：関係文を導く従属接続詞を兼ねた代名詞

	男性　m	中性　n	女性　f	複数　pl
1格	…, der	…, das	…, die	…, die
2格	…, dessen	…, dessen	…, deren	…, deren
3格	…, dem	…, dem	…, der	…, denen
4格	…, den	…, das	…, die	…, die

・関係文の制限的用法
　先行詞を限定的に修飾する
　「〜する（先行詞）」
・非制限的用法
　先行詞に補足的に情報を追加
　「（先行詞）は〜だ」

主文	関係文（副文）になる文
Ich frage den Mann.	Der Mann steht an der Bude.　その男性は売店の側に立っている
私はその男性に尋ねる	Die Krawatte des Mannes ist bunt.　その男性のネクタイは派手だ
	Das Auto grhört dem Mann.　その男性はその車の持ち主だ
	Peter redet mit dem Mann.　ペーターはその男性と話している
	Ich habe gestern den Mann gesehen.　その男性を私は昨日見かけた

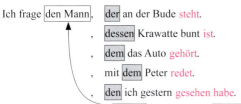

Ich frage den Mann, der an der Bude steht.
　　　　　　　　　, dessen Krawatte bunt ist.
　　　　　　　　　, dem das Auto gehört.
　　　　　　　　　, mit dem Peter redet.
　　　　　　　　　, den ich gestern gesehen habe.

関係文（副文）の動詞は
文末（定形後置）

関係代名詞の性・数は先行詞と一致、格は先行詞の格ではなく、関係文（副文）中の格による
関係文はコンマ（ , ）で区切る　Der Mann, der an der Bude steht, ist mein Onkel.

Übung1　Ａの文を主文、Ｂの文を関係文（副文）にして、１つの文に結びましょう

1．A：Die Dame heißt Frau Schmidt. B：Die Dame liest dort eine Zeitschrift.
2．A：Der Herr kommt aus Berlin. B：Die Tochter des Herrn ist meine Freundin.
3．A：Ich habe den Koffer verloren. B：Ich habe mit dem Koffer durch die Welt gereist.
4．A：Wir sind dem Studenten begegnet. B：Wir haben gerade von dem Studenten gesprochen.

e Dame 婦人　e Zeitschrift 雑誌　r Herr 紳士　r Koffer トランク　verlieren 紛失する　e Welt 世界
begegnen（３格の人に）（偶然）出会う　gerade ちょうど　von jm sprechen 〜について話をする

Übung2　次の文をドイツ語に訳しましょう

1．きみが知っているその女子学生（e Studentin）の父親は有名な（berühmt）作家（r Schriftsteller）だ
2．私が今読んでいる（lesen）本（s Buch）は、図書館（e Bibliothek）から借りてきた（ausleihen）ものだ
3．原発事故（r Atomunfall）後に停止していた（still|stehen）日本の原子力発電所（s Atomkraftwerk）の一つが再
　　稼働する（wieder in Bewegung setzen）

関係副詞　先行詞は場所（wo　wohin　woher）、時（wo　als　da）、理由（warum）、様態（wie）など

Das ist das Schloss, wo (= in dem) der König geboren wurde.　　　ここはその王様が生まれた城だ

Ich erinnere mich noch genau an den Tag, als (= wo, an dem) die Berliner Mauer gefallen ist.

私はまだベルリンの壁が崩壊したその日を覚えている

Der Grund, warum ich schreibe, liegt in dieser Sache.　　　私がなぜ書くのかという理由はそこにある

Übung3　次の文をドイツ語に訳しましょう

1．彼が生まれた（geboren sein）町（e Stadt）は、以前は（früher）重要な（bedeutend）商業都市（e Kaufmannsstadt）だった

2．私が来月（nächsten Monat）行くことになっているベルリンは、今は暑いようだ

不定関係代名詞　wer

1格	wer	・不特定の人を表す（単数のみ、先行詞をとらない）
2格	wessen	・不定関係詞文「……する人（は誰でも）」、主文「指示代名詞＋動詞……」
3格	wem	・「不定関係詞文，主文」が「wer……，　der……」、「wen……，　den……」、
4格	wen	の場合、主文の der や den は省略できる

Wer dieses Schloss *besucht*, (der) ist bewundert.　この城を訪れる人は、感嘆します

Wessen Name vergessen *wird*, dessen Angedenken verschwindet von der Erde.

名前を忘れられた人、その人の思い出は地上から消えてしまう

Wem ich einmal mein Vertrauen *schenke*, mit dem gehe ich ehrlich um.

ひとたび私が信頼をささげた人、その人と私は誠実に付き合う

Wen du hier *siehst*, (den) musst du vergessen.　きみがここで見た人、その人を君は忘れなければいけない

Übung4　例に倣って２つの文を結びましょう

例）Wollen Sie hier Bier trinken?　Dann gehen Sie in diese Kneipe!

　　⇒　Wer hier Bier trinken will, soll in diese Kneipe gehen.

1．Treiben Sie gern Sport?　Dann besuchen Sie die Sporthalle!

2．Wollen Sie ein schickes Kleid kaufen?　Dann gehen Sie in das Kaufhaus!

3．Kaufen Sie hier jetzt?　Dann können Sie 60 Prozent billiger kaufen.

| e Kneipe 飲み屋　treiben する |
| e Sporthalle 体育館　s Kleid ドレス |
| s Kaufhaus デパート　kaufen 買う |

不定関係代名詞　was

1格	was	1．先行詞をとらない場合　「（およそ）〜のもの・ことは／を」
2格	wessen	2．先行詞をとる場合、先行詞は
3格	—	「alles　etwas　nichts　vieles　manches　das＋中性名詞化された形容詞（とくに最上級）」
4格	was	3．前文の内容を受ける場合　Was mich betrifft/angeht,　私に関しては

Was es hier *gibt*, ist alles wunderbar schön.　　　ここにあるものは、すべてが素晴らしくきれいだ

Das ist alles (das Beste), was ich jetzt machen *kann*.　それが私が今できるすべて（最上のこと）です

Peter sieht jeden Tag fern, was seinen Eltern nicht *gefällt*.　ペーターが毎日テレビを見ることが両親には気に入らない

Was mich *betrifft*, so bin ich mit ihm zufrieden.　　　私に関して言うなら、私は彼に満足しています

Übung5　ドイツ語に訳しましょう

1．ここにある（es gibt）ものの多く（vieles）が私は気にいら（gefallen）ない
2．情報（e Information）が必要な人は、質問をし（e Frage stellen）なければいけない
3．これは私がかつて（je）聴いた（hören）中で一番きれい（schön）な音楽だ
4．本を多く読む（viel lesen）人は概して（meistens）よいドイツ語を書く（gutes Deutsch schreiben）
5．この点（Punkt）に関しては、私はもう（schon）前から（früher）気づいて（bemerken）いる
6．あなたは、叔母さんが送って（schicken）くれた物をもう全部（alles）見（sehen）たの？
7．これは、忘れて（vergessen）はいけないこと（etwas）です
8．彼女は集会（e Versammlung）に参加し（an et³teil|nehmen）たが、それはほとんどない（kaum）ことだった（geschehen）

> **wie ＋人称代名詞**　（先行詞が不定冠詞 ein がついた名詞や、その複数形で無冠詞の場合）
> Das ist eine Tasche, wie sie Nena kaufen möchte. これはネーナが買いたがるようなバッグだ
> （ Das ist eine Tasche.　＋　Nena möchte die（ solche ）Tasche. ）

Übung6　ドイツ語に訳しましょう

1．これは日本人が好むようなビールだ（s Bier）＿＿＿＿＿＿＿＿＿＿＿＿＿＿＿
2．私には彼が持っているようなノートパソコン（r Laptop）が必要だ（brauchen）＿＿＿＿＿＿

> （定）関係文は冠飾句に書き換えできる
> Ein Punkt , über den immer wieder gestritten wird, ist der Artikel 9 . ⇒ Ein immer wieder gestrittener Punkt
> 　繰り返し論点となるのは憲法 9 条だ

Übung7　Übung2 の 2 、3 を冠飾句で書きましょう

> 指示代名詞
> 名詞的用法：関係代名詞とほぼ同じ変化 ⇒
>
> 付加語的用法：定冠詞と全く同じ変化
> 　　s. **Lektion10**、**Lektion16**
>
> | | 男性 | 中性 | 女性 | 複数 | |
> |---|---|---|---|---|---|
> | 1 格 | der | das | die | die | |
> | 2 格 | dessen | dessen | deren | deren | derer |
> | 3 格 | dem | dem | der | denen | |
> | 4 格 | den | das | die | die | |
>
> ※ dieser、derjenige その人（物）、derselbe 同一の人（物）なども同様に用いられる
> 　Wir kommen aus derselben Stadt. 私たちは同じ町の出身だ（aus der gleichen Stadt 同じような町）
> 文頭に置かれることが多い　　Da steht ein Herr. Den habe ich gestern auch hier gesehen.
> 　　　　　　　　　　　そこに男性が立っている。その人を昨日もここで見かけた
> 所有冠詞との違い　Er läd seinen Freund und dessen Tochter ein. 彼は自分の友人とその娘を招待する

Übung8　ドイツ語に訳しましょう

1．彼は従兄（r Vetter）とその恋人を見かけた
2．彼女は従姉（e Kusine）とその恋人を見かけた

> r Geliebter
> e Geliebte 恋人

直説法：ものごとを客観的に、ありのままに述べるとき

接続法：ものごとを話者が想像・仮定・要求・願望して、主観的に述べるとき

要求話法（Ⅰ式）	願望・要求・認容文など　（潜在的な可能性）
間接話法（Ⅰ式＋Ⅱ式）	Er sagte, er komme bald.　彼は、自分はすぐ来ると言いました
非現実話法（Ⅱ式）	実現性の少ない仮定、丁寧な表現など　（非現実性）

接続法Ⅰ式の形　不定詞の語幹に下記の語尾をつける

不定詞		lernen	kommen	haben	werden	sein	können	sollen
ich	—e	lerne	komme	habe	werde	sei	könne	solle
du	—est	lernest	kommest	habest	werdest	sei [e] st	könnest	sollest
er/sie/es	—e	lerne	komme	habe	werde	sei	könne	solle
wir	—en	lernen	kommen	haben	werden	seien	können	sollen
ihr	—et	lernet	kommet	habet	werdet	seiet	könnet	sollet
sie (Sie)	—en	lernen	kommen	haben	werden	seien	können	sollen

※上の表の色づけ部分が主に用いられる

接続法Ⅱ式の形　過去基本形に接続法Ⅰ式と同じ語尾をつける／不規則変化動詞は幹母音が変音

不定詞		lernen	kommen	haben	werden	sein	können	sollen
過去基本形		lernte	kam	hatte	wurde	war	konnte	sollte
ich	—e	lernte	käme	hätte	würde	wäre	könnte	sollte
du	—est	lerntest	kämest	hättet	würdest	wärest	könntest	solltest
er/sie/es	—e	lernte	käme	hätte	würde	wäre	könnte	sollte
wir	—en	lernten	kämen	hätten	würden	wären	könnten	sollten
ihr	—et	lerntet	kämet	hättet	würdet	wäret	könntet	solltet
sie (Sie)	—en	lernten	kämen	hätten	würden	wären	könnten	sollten

※**規則動詞、wollen sollen**（変音しない）は直説法過去形とまったく同形

※その他の例外 kennen → kennte　nennen → nennte　senden → sendete　wenden → wendete

　helfen → hülfe　stehen → stünde/stände　sterben → stürbe　rufen → riefe　werfen → würfe など

※ wir lernten（gingen）など、直説法過去と同形の場合、**würde……lernen（gehen）**が多用される

Übung1　suchen、gehen、sprechen、müssen を接続法Ⅰ式、Ⅱ式の形に活用させましょう

	suchen		gehen		sprechen		müssen	
	Ⅰ式	Ⅱ式	Ⅰ式	Ⅱ式	Ⅰ式	Ⅱ式	Ⅰ式	Ⅱ式
ich	suche		gehe	ginge	spreche	spräche	müsse	müsste
du								
er								
wir								
ihr								
sie								

要求話法（Ⅰ式）3人称主語への話者の願望、慣用句、説明書、数学問題の条件、認容文など

願望・祈願　Lang lebe der König!　王様万歳！（国王様が末永く生きたまうことを願います）

熟語的表現　Gott sei Dank!　ああよかった　（神に感謝あれ）

　　　　　　Grüß Gott!　（南部の挨拶）こんにちは 他（神が汝らに挨拶したまわんことを願います）

Sie への命令形も要求話法　（ただし du 、ihr への命令形は命令法）

　　Nehmen Sie bitte Platz！　席についてください　　　Seien Sie ruhig！　落ち着いてください

wir への勧誘　Gehen wir einkaufen！　　買い出しに行こうよ！

要求（薬の説明書）　Man nehme täglich drei Tabletten.　一日に錠剤を3錠飲むようにしましょう

　　（料理のレシピ）　In einem Topf gebe man in Würfel geschnittene Kartoffel.

　　　　　　　　　　　　　　　　　　　　　鍋にサイコロ状に切ったじゃがいもを入れましょう

　　（数学問題の条件）Es sei ABC ein Dreieck.　　ABC を三角形とします

認容（**Lektion33**参照：直説法の場合とは異なり実現性が低い）

　　So gut das Auto an sich sein möge（mag）, ich werde doch es nicht kaufen.

　　　　　　　　　　　　　　その車の性能自体はよいとしても、わたしは買うつもりはありません

　　Was er immer auch sagen möge, ich werde von meinem Entschluss nicht abgebracht.

　　　　　　　　　　　　　　　彼が何を言おうとも、私の決心が揺らぐことはありません

除外文 es sei denn　～なら別だが　～でなければ　　sei es ～, sei es ～,　～であれ、～であれ

　　Du musst weg, es sei denn, du nutzt diese Chance.　　　　　君がチャンスを生かせないなら去るしかない

　　Sei es Deutsch, sei es Polnisch, Aussprache ist schwierig.　ドイツ語であれ、ポーランド語であれ、発音は難しい

Übung2　次の文を和訳しましょう

1．Hoch lebe die Freiheit!

2．Das Rindfleisch würze man mit Pfeffer. Dann gebe man Sauerkraut zu.

3．Möge er die Prüfung bestehen !

4．Was dir auch immer begegne mitten in der Welt, es gibt eine Hand, die dich segnet.

5．Die Strecke AB sei 10cm.

6．Sie kann das leisten, es sei denn, sie ist krank.

hoch 高く、非常に　leben 生きる　e Freiheit 自由　s Rindfleisch 牛肉　r Pfeffer こしょう
s Sauerkraut 酢漬けキャベツ　zugeben 加える　e Prüfung 試験　bestehen 合格する
begegnen（～の身に）起こる　mitten 真ん中　e Welt 世界　e Hand 手　segnen 祝福する
e Strecke 距離、線分　leisten やり遂げる

接続法の時制

	接続法Ⅰ式	接続法Ⅱ式
現在	er lerne er komme	er lernte er käme
過去（直説法の過去・現在完了・過去完了）	er habe　　　　　　gelernt er sei　　　　　　gekommen	er hätte　　　　　　gelernt er wäre　　　　　　gekommen
未来	er werde　　　　　　lernen er werde　　　　　　kommen	er würde　　　　　　lernen er würde　　　　　　kommen
未来完了	er werde　　　　gelernt haben er werde　　　gekommen sein	er würde　　　　gelernt haben er würde　　　gekommen sein

間接話法（Ⅰ式＋Ⅱ式）

「彼は言っている（言った）、私はドイツ語を学んでいると」

「彼は言っている（言った）、自分は帰宅すると」

	直説法	間接話法
現在	Er sagt（sagte）zu mir: „ Ich lerne Deutsch.“ Er sagt（sagte）: „ Ich komme nach Hause.“	Er sagt（sagte）mir, er lerne Deutsch. Er sagt（sagte）,　er komme nach Hause.
過去	Er sagt（sagte）zu mir: 　（過去）„ Ich lernte Deutsch.“ 　（現在完了）„ Ich habe Deutsch gelernt.“ 　（過去完了）„Ich hatte Deutsch gelernt“ Er sagt（sagte）: （過去）„ Ich kam nach Hause.“ （現在完了）„ Ich bin nach Hause gekommen.“ （過去完了）„Ich war nach Hause gekommen.“	Er sagt（sagte）mir, 　　　　　er habe Deutsch gelernt. Er sagt（sagte）, 　　　　er sei nach Hause gekommen.
未来	Er sagt（sagte）zu mir,: 　　„ Ich werde Deutsch lernen.“ „Ich werde nach Hause kommen“	Er sagt（sagte）mir, 　　　er werde Deutsch lernen. er werde nach Hause kommen.

・接続法Ⅰ式が直説法と区別できない場合は接続法Ⅱ式を用いる

　Er sagte mir, seine Freunde kämen heute.　彼は、今日自分の友人たちが来ると私に言った

・副文に dass がつく場合もある

　Er sagte, dass er sofort nach Hause komme（kommt）.　彼はすぐに帰宅すると言った

・名詞などの内容を規定する場合

　Ich teile seine Ansicht, diese Bilder seien unmodern.

　　　　　　　　　　　　この絵画は現代的ではないとの彼の見解に私は同意見だ

・ニュース、記事などの引用に多用される

　Der Kanzler warne, die Flüchtlingspolitik komme weiter nicht voran, wie die gestrige Presse berichtet.

　昨日の報道によれば首相は難民政策にさらなる進展は見えないだろうと警告している

☆間接疑問文（主文の動詞が現在形の場合は直説法が用いられることが多い）

　Klaudia fragte, ob er mit ihrer Schwester gesprochen habe.

　クラウディアは、彼が自分の姉と話したことがあるのか（話すのかどうか）尋ねた

　Sie fragte ihn, wohin er morgen geht. 彼女は彼に、明日どこに行くのかと尋ねた

　Sie befahl mir（bat mich）, ich solle（möge）sofort kommen. すぐに来るよう彼女は命じた（頼んだ）

※「彼は、暇がないと言っている」の3通りの場合

直説法	Er sagt, er hat keine Zeit.	（話者が）	彼の話を事実と認めている
接続法Ⅰ式	er habe keine Zeit.	（話者が）	単に事実として伝える
接続法Ⅱ式	er hätte keine Zeit.	（話者が）	話の内容に懐疑的

Übung3　2つの文を直説法と接続法の違いに注意して訳し分けましょう

1．Michael ist nicht zum Party gekommen, weil er Fieber hat.

2．Michael ist nicht zum Party gekommen, weil er Fieber habe.

Übung4　直接法の会話を間接話法に書き換えましょう

1．Sabine sagte :„ Leider habe ich heute keine Zeit.“

2．Sie hat mich gefragt :„ Hast du Lust, mit uns ins Kino gehen ?“

3．Peter schrieb :„Ich will sie heiraten.“

4．Meine Oma erzählt :„Wir haben damals in Berlin gearbeitet.“

5．Mein Vater befahl mich :„Du musst viel fleißiger lernen.“

s Fieber 熱　leider 残念ながら　e Zeit 時間、暇	
schreiben（手紙を）書く　heiraten 結婚する	
Oma おばあちゃん　erzählen 語る	
damals 当時　fleißig 熱心に	

非現実話法（Ⅱ式）

現在	Wenn ich Zeit hätte, ginge ich ins Konzert（würde ich ins Konzert gehen）.
	時間があるならコンサートに行くのに
過去	Wenn ich gestern Zeit gehabt hätte, wäre ich ins Konzert gegangen.
	昨日時間があったなら、コンサートに行ったのに
※直説法	Wenn ich Zeit habe, gehe ich ins Konzert.　時間があればコンサートに行きますよ

・条件文が句や文脈などで示される場合（結論部の独立用法）

　Ohne deine Hilfe hätte er seine Arbeit nicht erledigt.

　= Wenn du ihm nicht geholfen hätte, hätte er seine Arbeit nicht erledigt.

　　　　　　　　　　　　　君の助けがなければ彼は仕事をやり遂げられなかった

　Bei schönen Wetter（= Wenn das Wetter schön wäre,）würde ich Fußball im Stadion sehen.

　　　　　　　　　　　　天気が良ければサッカーを見にスタジアムに行くのに

　Beinahe hätte ich meinen Schirm vergessen.　すんでのところで私は傘を忘れるところだった

・条件文に wenn がなく、定動詞を文頭に置く場合

　Hätte ich viel Geld, würde ich im Ausland studierern.　お金がたくさんあれば留学するのに

・前提部が独立して、非現実の願望を表す文（前提部の独立用法）

　Wenn ich doch（nur）Zeit hätte!　時間がありさえすればなあ

・zu ～ , als dass……　……するには～すぎる

　Wasser war zu kalt, als dass man hätte baden können.　泳ぐには水が冷たすぎた

・als ob……/ als wenn……　あたかも……のように（wenn、ob の省略= als ＋接続法Ⅱ式の動詞…）

　Handle so, als ob deine Maxime zugleich zum allgemeinen Gesetz wäre.

　　　　　　　　　　きみの規準が同時に皆の法則であるかのように振舞いたまえ

　Er hat geredet, als hätte er alles gewusst.　彼はまるですべてを知っているかのように語った

・sollen の接続法Ⅱ式過去とともに用いて、後悔（一人称）、苦言（二人称）、非難（三人称）

　Das hätte ich（hättest du）nicht sagen sollen.　そんなことを私は（君は）言うべきではなかった

・実現性の少ない認容

　Und wenn ich hundert Millionen Yen hätte, würde ich so ein Auto kaufen.

　　　　　　　　　　たとえ１億円持っていたとしても、そんな車は買わない

Übung5　（　）内の動詞を接続法Ⅱ式の形にして ＿＿＿＿ に入れ、文を訳しましょう

1．Wenn ich ein Vögel ＿＿＿＿ und zwei Flügel ＿＿＿＿, ＿＿＿＿ ich zu dir.（sein　haben　fliegen）

2．Wenn ich Zeit ＿＿＿＿＿, ＿＿＿＿＿ ich noch ein paar Tagen hier bleiben.（haben　werden）

　Dann ＿＿＿＿＿ ich diese Stadt noch mehr kennenlernen.（können）

3．Heute ＿＿＿＿＿ ich wegen Unaufmerksamkeit fast einen Unfall verursacht.（haben）

4．Ich fühle mich, als ob die Sonne nur für mich ＿＿＿＿＿.（scheinen）

5．An deiner Stelle ＿＿＿＿＿ ich ihm gar nichts sagen.（werden）

6．Um ein Haar ＿＿＿＿＿ ich mich vor aller Welt bloßgestellt.（haben）

r Vogel 鳥　r Flügel 翼　fliegen 飛ぶ　ein paar 2、3の　r Tag 日　bleiben 滞在する　e Stadt 都市
kennenlernen 知る　wegen et² 〜故に　e Unaufmerksamkeit 不注意　r Unfall 事故
fast ほとんど　verursachen 引き起こす　sich fühlen 感じる　sich bloßstellen 恥をさらす
e Sonne 太陽　scheinen 照る　e Stelle 場所、地位　sagen 言う　s Haar 髪　e Welt 世界

Übung6　必要な語句を加えて、「もし〜だったら〜なのに」という文を作りましょう

１．Ich bin eine Katze. Ich muss nicht für das Examen lernen und kann frei leben.

２．Der Schriftsteller ist mit 40 Jahren gestorben. Er schuf mehrere fruchtbare Werke.

e Katze 猫　frei 自由に　r Schriftsteller 作家　sterben 死ぬ　schaffen 創る　fruchtbar 豊潤な　s Werk 作品

Übung7　ドイツ文に訳しましょう

１．もしも昨日（gestern）宿題（pl. Hausaufgaben）がなかったら、もっと（mehr）眠れ（schlafen）たんだけどな

２．日本人（r Japaner）ならそんなふうには言わ（sagen）ないでしょう

３．一昨日（vorgestern）、私はほとんど（fast）トラック（r Lastkraftwagen）に轢か（überfahren）れそうになった

４．彼女はまるで王女様（e Prinzessin）のように奉仕させる（sich bedienen lassen）

非現実話法（Ⅱ式）　外交的接続法　（丁寧、婉曲、控えめな表現）㊛ would you, could you

Ich hätte gern einen Käsekuchen.	チーズケーキがほしいのですが
Ich hätte eine Bitte.	ひとつお願いがあります
Hättest du Lust, zur Party zu kommen?	パーティーに参加されるつもりはありますか
Ich möchte ein Glas Mineralwasser.	ミネラル・ウォーターを1杯ほしいのですが
Könnten Sie bitte mir sagen, wie ich zum Bahnhof komme?	
	すみませんが駅までどう行けばいいか教えていただけますか
Könnten Sie mir das Salz reichen?	塩を取っていただけますか
Wir würden gern noch Vorspeisen bestellen.	前菜も頼みたいのですが
Würden Sie bitte einen Augenblick warten?	少し待っていただけますか
Wer würde gerne am Sommerfest teilnehmen?	誰が夏祭りに参加されますか
Sie hätten es wenigstens einmal versuchen.	少なくとも一度は試みてみてもよろしかったのでは

Übung8　ドイツ語に訳しましょう

１．質問（e Frage）があります

２．日本に来ら（nach Japan kommen）れるお気持ち（e Lust）はありますか

３．お勘定は私が持ちます（bezahlen）よ

４．列車（r Zug）が何（welcher）番ホーム（s Gleis）から（von）出るのか教えて（sagen）いただけますか

５．ドア（e Tür）を閉めて（schließen）いただけますか

６．それが最良（das Beste）でしょうね

Anhang　付録

第 1 部

Staaten（e Staat）国

中性名詞の国

Europa

Deutschland ドイツ　England イギリス

Frankreich フランス　Italien イタリア

Belgien ベルギー　Luxemburg ルクセンブルク

Dänemark デンマーク　Norwegen ノルウェー

Schweden スウェーデン　Irland アイルランド

Finnland フィンランド　Estland エストニア

Lettland ラトビア　Litauen リトアニア

Österreich オーストリア

Liechtenstein リヒテンシュタイン

Spanien スペイン　Portugal ポルトガル

Russland ロシア　Polen ポーランド

Tschechien チェコ　Slowenien スロヴェニア

Kroatien クロアチア　Serbien セルビア

Montenegro モンテネグロ

Ungarn ハンガリー　Rumänien ルーマニア

Griechenland ギリシャ　Bulgarien ブルガリア

Malta マルタ　Zypern キプロス

Ostasien

Japan 日本　China 中国　Korea 韓国

Südostasien

Vietnam ベトナム　Laos ラオス

Myanmar ミャンマー　Thailand タイ

Kambodscha カンボジア

Malaysia マレーシア　Singapur シンガポール

Indonesien インドネシア

Südasien

Indien インド　Sri Lanka スリランカ

Nepal ネパール

Nahe Osten

Israel イスラエル　Syrien シリア

女性名詞の国

Schweiz スイス　Türkei トルコ

Slowakai スロヴァキア　Ukraine ウクライナ

Vatikanstadt バチカン　Mongolei モンゴル

男性名詞の国

Iran イラン　Irak イラク

複数名詞の国

Niederlande オランダ　Philippinen フィリピン

USA アメリカ

　（die Vereinigten Staaten von Amerika）

Völker（s Volk）国民　（in は女性形）

Deutscher/Deutsche ドイツ人（男 / 女）

Engländer（in）イギリス人

Amerikaner（in）アメリカ人

Franzose/Französin フランス人（男 / 女）

Italiener（in）イタリア人

Belgier（in）ベルギー人

Däne/Dänin デンマーク人（男 / 女）

Norweger（in）ノルウェー人（男 / 女）

Schwede/Schwedin スウェーデン人（男 / 女）

Ire/Irin アイルランド人（男 / 女）

Finnländer（in）、Finne/Finnin フィンランド人

Estländer（in）エストニア人

Lette/Lettin ラトビア人（男 / 女）

Litauer（in）リトアニア人

Schweizer（in）スイス人

Österreicher（in）オーストリア人

Liechtensteiner（in）リヒテンシュタイン人

Spanier（in）スペイン人

Portugiese/Portugiesin ポルトガル人（男 / 女）

Russe/Russin ロシア人（男 / 女）

Pole/Polin ポーランド人（男 / 女）

Tscheche/Tschechin チェコ人（男 / 女）

Slowaken/Slowakin スロヴァキア人（男 / 女）

Ungar/Ungarin ハンガリー人（男 / 女）

Grieche/Griechin ギリシャ人（男 / 女）

Japaner（in）日本人

Chinese/Chinesin 中国人（男 / 女）

Koreaner（in）韓国人

Mongole/Mongolin モンゴル人（男 / 女）

Vietnamese/Vietnamesin ベトナム人（男 / 女）

Laote/Laotin ラオス人（男 / 女）

Birmaner（in）ビルマ人

Thailänder（in）タイ人

Kambodschaner（in）カンボジア人

Malaysier（in）、Malaie/Malaiin マレーシア人

Singapurer（in）シンガポール人

Indonesier（in）インドネシア人

Philippiner（in）フィリピン人（男 / 女）

Inder（in）インド人

Sri-Lanker（in）スリランカ人

Nepalese/Nepalesin ネパール人（男 / 女）

Israeli イスラエル人（男・女）

Palästinenser（in）パレスティナ人

Syrer、Syrier /Syrien シリア人（男 / 女）

Türke/Türkin トルコ人（男 / 女）

基本単語集（ドイツ語技能検定 5 級合格に向けて）

［動詞］　sein ～である　haben 持つ　werden ～になる

　規則動詞　kommen 来る　gehen 行く　wohnen 住む　kennen 知る　studieren 専攻する　lernen 習う

　　　　spielen する、遊ぶ　machen する　hören 聞く　besuchen 訪問する　leben 生きる・暮らす

　　　　kochen 料理する　singen 歌う　bleiben 滞在する　trinken 飲む　kaufen 買う　lieben 愛する

　語尾が多少不規則なもの　arbeiten 働く・勉強する　finden 見つける・～と思う　heißen ～という名だ

　　　　　　　　kosten ～の値段だ　öffnen 開ける

　不規則動詞　sprechen 話す　sehen 見る　lesen 読む　essen 食べる　fahren（車などで）行く

　　　　schlafen 眠る　gefallen 気に入る

［助動詞］　möchte ～したい・ほしい　können ～できる　wollen つもり

［形容詞］　寒暖　heiß 暑い　warm 暖かい　kühl 冷たい　kalt 寒い

　　　　色　schwarz 黒い　weiß 白い　gelb 黄色い　rot 赤い　blau 青い　grün 緑の　grau 灰色の

　その他　lang 長い　kurz 短い　klein 小さい　groß 大きい　schwer 重い　gut 良い　schlecht 悪い

　　　　alt 古い、年老いた　neu 新しい　jung 若い　schön 美しい　fleißig 勤勉な　freundlich 親しげな

　　　　nett 親切な　früh 早い　spät 遅い　schnell 速い　langsam 遅い　nett 感じの良い　richtig 正しい

　　　　falsch 間違った　glücklich 幸運な　viel たくさんの

［副　詞］　時間　jetzt 今　heute 今日　morgen 明日　gestern 昨日　jeden Tag 毎日

　その他　hier ここで　da そこで　dort あそこで　gern 好んで　oft しばしば　sehr とても　auch ～も

　　　　noch まだ、なお　schon すでに　zusammen 一緒に　immer いつも、常に　einmal 一度、一回

　　　　mal ちょっと　einfach 片道、単純な　gerade ちょうど　bald 間もなく　nur ただ～だけ⊛ only

　　　　nicht（⊛ not）　zuerst まず、最初に　zu Hause 家で

［接続詞］　und そして　aber しかし　oder あるいは　sondern そうではなく　denn なぜなら

［疑問詞］　was 何が（を）　wie どのように　wo どこで　woher どこから　wohin どこへ　wann いつ

　　　　wer 誰が　wen 誰を　warum なぜ　welcher どの

Was sind Sie (ist er) von Beruf?　　　　　　職業 / 身分は？

Wie heißen Sie?　Wie ist Ihr Name?　　　　お名前は？

Wie geht es Ihnen (dir/deiner Mutter)? / Wie geht's?　ごきげんいかがですか（君／君のお母さん）

Wie komme ich (kommt man) zum Bahnhof?　駅まではどう行きますか

Wie alt sind Sie?　　　　　　　　　　　　何才ですか（年齢）

Wieviel kostet das（Was kostet das）?　　いくらですか（値段）

Wie spät ist es jetzt?　　　　　　　　　　今何時ですか

［名　詞］

家族 Familie	Vater 父　Mutter 母　Bruder 兄弟(pl. Brüder)　Schwester(pl. Schwestern) 姉妹　Onkel おじ Tante おば　Kind(pl. Kinder) 子供　Sohn 息子　Tochter 娘　Eltern 両親　Großvater(Opa) 祖父 Großmutter(Oma) 祖母　Mann 夫、男　Frau 妻、女、Mrs.	
人	Herr 紳士、Mr.　Dame 淑女　Leute 人々　Gast(pl. Gäste) 客　Freund(in) 友人　Mädchen 女の子 Arzt(Ärztin) 医者　Lehrer(in) 教師　Ingenieur(in) エンジニア　Bäcker パン屋　Metzger 肉屋 Kellner(in) ウェイター　Angestellter(Angestellte) サラリーマン　Beamter(Beamtin) 公務員	
大学関係 学校関係	Student(in) 学生　Professor(in) 教授　Seminar ゼミナール　Universität /Uni 大学 Fachhochschule 高専　Medizin 医学　Musik 音楽　Kunst 芸術　Schüler(in) 生徒　Schule 学校 Unterricht 授業　Pause 休み・休憩	

動　物	Hund 犬　Katze 猫　Maus 鼠　Pferd 馬　Schwein 豚　Kuh 牝牛　Vogel 鳥　Tier 動物
乗り物	Auto 車　Bus バス　Zug 列車　Fahrrad 自転車　Motorrad バイク　Bahn 鉄道　U-Bahn 地下鉄
食べ物 飲み物 Besteck	Fleisch 肉　Fisch 魚　Brot パン　Wurst ソーセージ　Käse チーズ　Salat サラダ、サラダ菜 Gemüse 野菜　Obst 果物　Apfel りんご　Banane バナナ　Orange オレンジ　Ei 卵　Kuchen ケーキ Suppe スープ　Joghurt ヨーグルト Kaffee コーヒー　Tee 紅茶　Milch ミルク　Saft ジュース　Apfelsaft リンゴジュース　Wasser 水 Mineralwasser ミネラルウォーター　Bier ビール　Wein ワイン　Alkohol アルコール eine Tasse Kaffee カップ一杯のコーヒー　ein Glas Wasser グラス一杯の水 Löffel スプーン　Gabel フォーク　Messer ナイフ
衣　服 身　体	Rock スカート　Hose ズボン　Jacke 上着　Anzug スーツ　Kleid ワンピース　Hemd シャツ Bluse ブラウス　Brille 眼鏡　Krawatte ネクタイ　Hut 帽子 Kopf 頭　Auge 目　Nase 鼻　Mund 口　Zahn 歯　Arm 腕　Hand 手　Finger 指　Fuß 足
本など 文　具 Karte 持ち物 楽　器 Sport	Brief 手紙　Buch 本　Wörterbuch 辞書　Zeitung 新聞　Bild 絵・写真　Foto 写真 Stift ペン　Bleistift 鉛筆　Heft ノート　Füller 万年筆　Papier 紙 Karte カード・チケット　Postkarte 葉書　Fahrkarte 乗車券　Speisekarte メニュー Tasche バッグ　Geld お金　Geldbeutel 財布　Feuerzeug ライター　Uhr 時計 Klavier ピアノ　Geige ヴァイオリン　Gitarre ギター　Flöte フルート Fußball サッカー　Tischtennis 卓球
住まい 家　具 家　電	Wohnung 住居　Zimmer 部屋　Wohnzimmer 居間　Schlafzimmer 寝室　Küche 台所　Tür 戸 Fenster 窓　Garten 庭　Bad お風呂　Dusche シャワー Tisch 机　Stuhl 椅子　Schrank たんす　Kühlschrank 冷蔵庫　Regal 棚 Fernseher テレビ　Telefon 電話　Kamera カメラ　Radio ラジオ　Handy 携帯電話
建物・ 　施設 街　中	Bahnhof 駅　Platz 広場、場所、席　Park 公園　Parkplatz 駐車場　Tierpark 動物園　Theater 劇場 Kino 映画館　Museum 博物館　Rathaus 市庁舎　Café カフェ　Hotel ホテル　Restaurant レストラン Kaufhaus デパート　Krankenhaus 病院　Geschäft 店　Tor 門　Schloss 城　Kirche 教会 Bibliothek 図書館　Post 郵便局　Bank 銀行　Buchhandlung 本屋　Polizei 警察　Apotheke 薬局 Haltestelle 停留所　Supermarkt スーパーマーケット Weg 道　Straße 通り　Stadt 市・街　Dorf 村　Land 国、地方　Bank ベンチ　Büro オフィス
天　体 天　候 地　形 植　物	Sonne 太陽　Mond 月　Stern 星　Himmel 空、天、天国　Luft 空気　Raum 宇宙空間 Regen 雨　Schnee 雪　Wind 風　Wetter 天気 Berg 山　Fluss 川　See 海・湖　Meer 大洋　Wald 森　Feld 野、分野　Wiese 草原 Baum 木　Blume 花　Gras 草　Pflanze 植物
その他	Welt 世界　Gott 神　Gruppe グループ　Frage 質問　Antwort 返答　Sprache 言語　Freiheit 自由 Hunger 空腹　Durst 渇き　Adresse 住所　Nummer 番号　Moment 瞬間　Flugzeug 飛行機
国 月 週	Deutschland ドイツ　Österreich オーストリア　Schweiz スイス　England イギリス　Dänemark デンマーク Frankreich フランス　Japan 日本　China 中国　Korea 韓国 Januar 一月　Februar 二月　März 三月　April 四月　Mai 五月　Juni 六月 Juli 七月　August 八月 September 九月　Oktober 十月　November 十一月　Dezember 十二月　im Mai 5月に Montag 月曜日　Dienstag 火曜日　Mittwoch 水曜日　Donnerstag 木曜日　Freitag 金曜日 Samstag (Sonnabend) 土曜日　Sonntag 日曜日　am Montag 月曜日に
朝昼晩 季　節 時　期 行　事	Morgen 朝　Abend 夕　Nacht 夜　Vormittag 午前中　Mittag 昼　Nachmittag 午後 Frühling 春　Sommer 夏　Herbst 秋　Winter 冬　im Sommer 夏に Jahr 年　Monat 月　Woche 週　Tag 日　Stunde 時間　Minute 分　Sekunde 秒 Geburtstag 誕生日　Weihnachten クリスマス　Ostern 復活祭
東西南北	Nord(en) 北　Süd(en) 南　Ost(en) 東　West(en) 西　im Osten 東で

第2部

第3部

Anhang

Landeskunde

発音・アクセントのまとめ

Ⅰ．発音

１．母音の長短 （アクセントのない母音は長音にならない）

アクセントのある母音の後の子音が１個なら長音、２個以上なら短音　Japan　Jacke

前の母音を長音にする h　　　　　　　　ohne　wohnen　sehr　※ woher は wo + her

ch 直前の母音の長短に規則はない　長音　Buch　hoch　Tuch　nach　Kuchen

　　　　　　　　　　　　　　　　　短音　Bach　Dach　Nacht　kochen

ß の直前の母音は長音か二重母音　　　　　Straße　heißen　Straße　Fußball

２．特徴的な綴りの読み方

二重母音　ei ai [aɪ]　　Ei　　　Eis　　　mein

　　　　　eu äu [ɔɪ]　　Euro　Fräulein　Häuser　Bäume　läuft

　　　　　ie [iː]　　　　Fieber　wie　　spielen

　　　　　au [aʊ]　　　Haus　Baum　Auto　laufen

子音　b [b, p] d [d, t] g [g, k]　Brot　Obst　Urlaub　halb　Dame　Hand　Freund　Geld　Tag

　　　ch [x]　Bach　kochen　Baumkuchen　auch　machen　Buch　Nacht　Woche

　　　　[ç]　ich　Technik　Märchen　München　Milch　brechen　Licht

　　　s + 母音 [z]　Sonne　Suppe　Sommer　sagen　Sie　sechs　sieben　Musik

　　　ss　ß [s]　　　essen　Wasser　groß　Fuß　Tennis　aus　eins　Glas　gestern

　　　sch sp st [ʃ]　Schule　Schnee　Schweiz　Sport　Spiegel　Stein　Student

　　　v [f]　w [v]　Vater　Volk　※ Vase　November　Welt　Wagen

　　　dt th t [t]　Tee　Theater　Bibliothek　Stadt　Arzt　jetzt　Abend　nicht

　　　ds ts tz z [ts]　Zeit　Zoo　Katze　Platz　sitzen　Arzt　jetzt　abends　nichts

３．外来語　Museum　Familie　Ferien　Christus　Chef　Orange　Klavier　Nation　Patient

　　　　　　[eːu]　　　[ɪə]　[ɪ ə]　[k]　　　[ʃ]　　　[ʒə]　　　[iːə] [ts ɪ óːn] [ts ɪ ɛnt]

Ⅱ．アクセント

１．原則は第一音節 （複合語は最初の語）

Japan　Dänemark　Beethoven　　　Arbeitsplatz　Tischtennis　Zahnarzt

２．日本語、英語の単語との違いに注意

Arbeit　Café　Doktor　Hotel　interessant　Konzert　Kultur　Museum　Musik

Natur　Orange　Restaurant　Symbol　Theater

３．分離動詞は必ず前つづりにアクセントがある （派生名詞も同様の場合が多い）

aufstehen　ankommen　abfahren　einladen　Ankunft　Abfahrt

４．前つづり be emp ent er ge ver zer は必ず非分離動詞 （前綴りにアクセントなし）

bekommen　besuchen　empfehlen　entstehen　erfahren　gefallen　verstehen

zerbrechen　Besuch　Erfahrung　getrennt　verheiratet

５．特定の語尾　—isch ist ent tion ssion ieren ität ei など

Japanisch　englisch　Polizist　Student　Präsident　Patient　Nation　Diskussion

studieren　telefonieren　Universität　Qualität　Quantität　Polozei　Bäckerei　Metzgerei

６．外来語など

Museum　Theater　Bibliothek　Familie　Ferien　Musik　Natur

Nation　Polizei　Interesse　Restaurant　Café　Klavier

７．月の名前 （とくに April　Juli　August に注意）

Januar　Februar　März　April　Mai　Juni　Juli　August　September　Oktober　November　Dezember

８．第一音節にアクセントがないもの （非外来語）

zusammen　zurück　zuerst　sofort　allein　lebendig　woher　wohin

不規則変化動詞の三基本形

不定詞	過去基本形	過去分詞	不定詞	過去基本形	過去分詞
backen （パンを）焼く	backte	gebacken	fahren （乗り物で）行く（s）操縦する（h）	fuhr	gefahren
befehlen 命令する	befahl	befohlen	fallen 落ちる（s）	fiel	gefallen
beginnen 始める、始まる	begann	begonnen	fangen 捕える	fing	gefangen
beißen かむ	biss	gebissen	finden 見つける	fand	gefunden
biegen 曲げる（h）、曲がる（s）	bog	gebogen	fliegen 飛ぶ（s, h）	flog	geflogen
bieten 提供する	bot	geboten	fliehen 逃げる（s）	floh	geflohen
binden 結ぶ	band	gebunden	fließen 流れる（s）	floss	geflossen
bitten 頼む	bat	gebeten	frieren 凍える（h, s）	fror	gefroren
blasen （息を）吐く	blies	geblasen	gebären 生む	gebar	geboren
bleiben とどまる（s）	blieb	geblieben	geben 与える	gab	gegeben
braten （肉などを）焼く	briet	gebraten	gehen 行く（s）	ging	gegangen
brechen 折る、破る（h）、破れる（s）	brach	gebrochen	gelingen 成功する（s）	gelang	gelungen
brennen 燃える、燃やす	brannte	gebrannt	gelten 相当する、通用する	galt	gegolten
bringen 持ってくる	brachte	gebracht	genießen 楽しむ	genoss	genossen
denken 考える	dachte	gedacht	geschehen 起こる（s）	geschah	geschehen
dringen 突き進む（s）	drang	gedrungen	gewinnen 獲得する	gewann	gewonnen
dürfen 〜してもよい	durfte	gedurft （dürfen）	gießen 注ぐ	goss	gegossen
empfangen 受け取る	empfing	empfangen	graben 掘る	grub	gegraben
empfehlen 推薦する	empfahl	empfohlen	greifen つかむ	griff	gegriffen
empfinden 感じる	empfand	empfunden	haben 持っている	hatte	gehabt
essen 食べる	aß	gegessen	halten 保持する、止める	hielt	gehalten

不定詞	過去基本形	過去分詞	不定詞	過去基本形	過去分詞
hängen 掛かっている、掛ける	hing	gehangen	nehmen 手に取る、摂取する	nahm	genommen
heben 持ち上げる	hob	gehoben	nennen 名づける	nannte	genannt
heißen (〜という) 名である	hieß	geheißen	pflegen 従事する	pflog	gepflogen
helfen 助ける	half	geholfen	raten 助言する	riet	geraten
kennen 知っている	kannte	gekannt	reißen 引き裂く (h)、裂ける (s)	riss	gerissen
klingen 鳴る	klang	geklungen	reiten (馬などに) 乗る (s, h)	ritt	geritten
kommen 来る (s)	kam	gekommen	rennen 走る、駆ける (s)	rannte	gerannt
können できる	konnte	gekonnt (können)	riechen におう	roch	gerochen
laden 積み込む	lud	geladen	ringen 格闘する	rang	gerungen
lassen 〜させ	ließ	gelassen (lassen)	rufen 呼ぶ	rief	gerufen
laufen 走る (s, h)	lief	gelaufen	schaffen 創造する	schuf	geschaffen
leiden 苦しむ	litt	gelitten	scheiden 分ける	schied	geschieden
leihen 貸す	lieh	geliehen	scheinen 輝く、〜に見える	schien	geschienen
lesen 読む	las	gelesen	schieben 押す	schob	geschoben
liegen 横たわっている	lag	gelegen	schießen 撃つ、射る	schoss	geschossen
lügen 嘘をつく	log	gelogen	schlafen 眠っている	schlief	geschlafen
meiden 避ける	mied	gemieden	schlagen 打つ	schlug	geschlagen
messen 測る	maß	gemessen	schließen 閉じる	schloss	geschlossen
misslingen 失敗する	misslang	misslungen	schmeißen 投げる	schmiss	geschmissen
mögen 〜かもしれない	mochte	gemocht (mögen)	schmelzen 溶ける	schmolz	geschmolzen
müssen 〜せねばならない	musste	gemusst (müssen)	schneiden 切る	schnitt	geschnitten

不定詞	過去基本形	過去分詞	不定詞	過去基本形	過去分詞
schrecken 驚かせる、驚く (s, h)	schrak	geschrocken	streichen なでる	strich	gestrichen
schreiben 書く	schrieb	geschrieben	streiten 争う	stritt	gestritten
schreien 叫ぶ	schrie	geschrie[e]n	tragen 運ぶ、身につける	trug	getragen
schweigen 黙る	schwieg	geschwiegen	treffen 出会う	traf	getroffen
schwimmen 泳ぐ (s,h)	schwamm	geschwommen	treiben 駆り立てる (h)、押し流される (s,h)	trieb	getrieben
schwören 誓う	schwor	geschworen	treten 踏む (h)、歩む (s)	trat	getreten
sehen 見る	sah	gesehen	trinken 飲む	trank	getrunken
sein ある、存在する (s)	war	gewesen	tun する、行う	tat	getan
senden 送る	sandte sendete	gesandt gesendet	vergessen 忘れる	vergaß	vergessen
singen 歌う	sang	gesungen	verlieren 失う	verlor	verloren
sinken 沈む (s)	sank	gesunken	wachsen 成長する (s)	wuchs	gewachsen
sitzen 座っている	saß	gesessen	waschen 洗う	wusch	gewaschen
sollen 〜すべきである	sollte	gesollt (sollen)	weisen 指示する	wies	gewiesen
sprechen 話す	sprach	gesprochen	wenden 向ける	wandte wendete	gewandt gewendet
springen 跳ぶ (s,h)	sprang	gesprungen	werben 募集する	warb	geworben
stechen 刺す	stach	gestochen	werden 〜になる (s)	wurde	geworden (worden)
stehen 立っている	stand	gestanden	werfen 投げる	warf	geworfen
stehlen 盗む	stahl	gestohlen	wissen 知っている	wusste	gewusst
steigen 登る、乗り込む (s)	stieg	gestiegen	wollen 欲する	wollte	gewollt (wollen)
sterben 死ぬ (s)	starb	gestorben	ziehen 引く (h)、移動する (s)	zog	gezogen
stoßen 突く (h)、ぶつかる (s)	stieß	gestoßen	zwingen 強制する	zwang	gezwungen

ドイツ連邦共和国

0   200km
1/1,549,800

Schweden

Dänemark

Ostsee

Nordsee

④Schleswig-
  Holstein

②Hamburg

⑤Mecklenburg-
  Vorpommern

③Bremen

⑥Niedersachsen

①Berlin

Polen

⑦Brandenburg

⑧Sachsen-Anhalt

Niederlande

⑨Nordhein-
  Westfalen

⑩Sachsen

⑪Thüringen

Belgien

⑫Hessen

⑬Rheinland-
  Pfalz

Tschechien

⑭ Saarland

Luxemburg

⑯
Bayern

⑮
Baden-
Würtemberg

Frankreich

Österreich

Schweiz

Slowenien

Italien

Liechtenstein

96

第二次世界大戦（ナチス時代）の記憶

写真 1：ホロコースト記念碑（das Holocaust-Mahnmal）と国会議事堂

　手前の石碑群は、ホロコースト（ナチス・ドイツによるユダヤ人等の大量虐殺）で犠牲になったユダヤ人を追悼するための記念碑。2005年、旧東ベルリンの一等地（旧官庁街跡）に建設された。2,711個の大小さまざまなコンクリート塊から成る。地下にはホロコーストに関する情報センターがある。

　左奥に見えるのが国会議事堂（das Reichstagsgebäude）。ドイツ帝国（第2帝国）時代の1894年に完成したが、

ナチス時代の1933年2月に謎の放火事件で炎上し廃墟になった。第2次大戦後、1964年に旧西ドイツによって部分修復されたが、1990年10月3日のドイツ再統一後、ベルリンが再び首都になるのに伴い再び国会議事堂として利用されることになり、大規模改修を経て1999年に完成した。上部のガラスドームは、その際新たに造られた。ガラスドームからはベルリン市内のみならず、下の議場も見えるようになっており、文字通りガラス張りの政治をアピールしている。

　右奥には横向きのブランデンブルク門（das Brandenburger Tor）が見える。

写真 2：空（から）の図書館（die leere Bibliothek）

　旧東ベルリンのフンボルト大学の向かいにある広場（ベーベル広場）の真ん中にある記念碑。石畳の地面にガラスプレートがはめ込まれており、中を覗き込むと、空（から）の書庫になっている。1933年5月、ユダヤ人の書いた書物や、ナチスに対して反体制的とみなされた書物がドイツ全土で大量に焼かれた「ナチス・ドイツの焚書」事件を忘れないために作られた。ベルリンでは、この場所で本が焼かれた。

写真3：ソ連兵の落書き

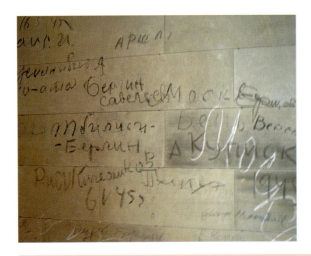

1945年のベルリン陥落時、国会議事堂（当時はすでに廃墟となって使われていなかったが、依然連合国軍側の攻撃目標となっていた）を制圧したソ連兵が壁に残した落書きが、現在も新しくなった国会議事堂内に保存されている。

写真4：ヴィルヘルム皇帝記念教会（die Kaiser-Wilhelm-Gedächtniskirche）

初代ドイツ皇帝ヴィルヘルム1世を追悼して1895年に建設されたプロテスタント教会。1943年11月のベルリン大空襲で破壊され、現在の姿になった。尖塔の大鐘は落下し、直下の地面に突き刺さったまま保存されており、そこが展示室になっている。入口のプレートには「二度と愚かな戦争を繰り返さない」と不戦の誓いが書かれている。旧西ベルリンの繁華街クーダムにある。

写真5：躓きの石（Stolpersteine）

東西冷戦時代の記憶

写真6：ベルリンの壁（die Berliner Mauer）

　1961年8月13日（日）早朝、旧東ドイツが突然建設し始めたベルリンの壁は、1989年11月9日夜の崩壊まで、28年間にわたって東西冷戦の象徴となった。**写真6**はベルナウアー通りに残るベルリンの壁。ここには当時の監視塔も残されており、資料館等も併設されている。

　壁の跡の地面には現在、**写真7**のように石とプレートが埋め込まれているので、壁の跡を自転車等で辿ることができる。

写真7

「1989年9月、Ｓバーンのフリードリヒ・シュトラーセ駅から東ベルリンに入った。プラットホームに降りふと上を見ると、鉄骨とガラスとでできた丸屋根のすぐ下、ホームをぐるりと取り囲むように設えられた鉄の回廊の上に、機関銃を構えた東独兵士が立っていた。私の人生でこの身に銃口を向けられたのは、今の所この時だけである。一旦地下に降り、厳重な入国審査を経て東ベルリンの路上に出ると、ものすごい排気ガスの出迎えを受けた。トラバント等のたくさんの車がもくもくと紫煙を吐いて走っていたのである」

…統一後、駅舎はすっかりリニューアルされ、昔の面影は全くなくなったが、丸屋根だけは昔とあまり変わっていない。

写真9：旧東ドイツの共和国宮殿（der DDR-Palast）跡地

旧東ドイツの人民議会が開かれたブロンズミラーガラス張りの共和国宮殿は、ウンター・デン・リンデン通りを挟んでベルリン大聖堂の向かい側にあった。再統一後しばらくは壁面のガラスが割れたまま放置されていたが、旧東ドイツの負の歴史の象徴とみなされてその後取り壊され、現在は**写真9**のように更地になっている。

左奥に見えるのはテレビ塔。右奥は赤の市庁舎。

写真10：アレクサンダー広場（der Alexanderplatz）

　旧東ドイツ時代、東ベルリンの中心広場であるアレクサンダー広場ではさまざまな集会等も行われたが、広場に面した**写真10**のビルには複数の監視カメラが設置され、東ドイツの秘密警察である国家保安省（通称シュタージ： Stasi）が市民を常に監視していた。このビルには現在、ファッションデパートのC＆Aが入っている。

写真11：ライプツィヒのニコライ教会 (die Nikolaikirche)

　1989年10月、毎週月曜日にニコライ教会で行われた「平和の祈り」の後、市民は街へ出て、"Wir sind das Volk！"（我々が国民だ！）とのスローガンの下、反体制デモを繰り返した。これが結局、11月9日の壁の崩壊（東独平和革命）へと繋がった。

環境保護の取組み

写真12：フライブルクのサッカースタジアム（das Fußballstadion）

　環境都市フライブルクの象徴的存在。ブンデスリーガ・SC フライブルクのホームスタジアム。1994年、FESA（フライブルク・エネルギー＆ソーラー振興協会）は、再生可能エネルギー促進プロジェクトとして、スタジアムの観客席の屋根にソーラーパネルを設置。これを分譲し、市民から出資者を募集。発電した電力を売電し、出資者に配当を支払うシステムを確立した。これが、企業等が無償で貸与してくれる屋上等を利用した「市民共同発電所」のさきがけとなった。

写真13：ソーラー・プラスエネルギーハウス（das Solar-Plusenergiehaus）

　最先端と言われるドイツのエコハウスの主流は、採光・断熱等に工夫した「パッシブハウス」であるが、フライブルクの環境モデル地区であるヴォーバン地区内の「ソーラー住宅地」には、パッシブハウスにソーラーパネルを加えた「ソーラー・プラスエネルギーハウス」が軒を並べている。これは、消費されるエネルギーよりも生産するエネルギーの方が大きくなる、「発電所」とも言える住宅である。

写真14：フライブルクのエコ・ステーション（die Ökostation Freiburg）

　1986年に開設された環境教育の拠点。土地・建物はフライブルク市の所有だが、運営はBUND（ドイツ環境自然保護連盟）が行っている。建物自体がエコ建築で、外の池や付属のビオガルテン（有機庭園）で自然教育を行っている。半年ごとに環境学習のプログラムを作成し、児童・生徒や社会人にさまざまな環境教育を行っている。

写真15：GLS銀行（die GLS Gemeinschaftsbank）

　環境にやさしい電力を自分で選べるドイツでは、環境にやさしい銀行も自分で選べる。GLS銀行は、写真にあるように、「お金は増やすためにあるのではなく、理念を実現するためにある」をモットーに、エコロジカルで社会福祉的な事業に特化して融資することにより、持続可能な社会の実現に貢献しようとしている。賛同者（預金者）も順調に増えており、2012年の決算では、年率20％の成長を遂げている。

写真16：農家によるバイオエネルギー事業（die Bioenergie）

フライブルク近郊の村フライアムトの農家が行っているバイオエネルギー事業。写真手前の地下にあるタンクの中で牧草やトウモロコシ、堆肥に水肥を混ぜて撹拌・発酵させ、バイオガスを発生させる。それを、写真左側の小屋の中にある装置で電気と熱エネルギーに変換して地域の学校や住民に供給している。右奥に見えるのが農家の母屋。

写真17：容器返却・デポジット精算システム（das Pfandsystem）

　2003年以来ドイツでは、環境負荷の高いワンウェイ飲料容器に（牛乳やワイン等の一部容器を除き）強制デポジットをかけることにより、環境負荷の低いリターナブル飲料容器の利用促進を図っている。しかし、統一的な返却・精算システムが整備されたことにより、消費者はどの販売店でも容易に容器を返却でき、払い戻しが受けられるよう利便性が高まったので、高いデポジット額だからワンウェイ飲料容器を買わないという心理的作用は働かなくなってきている。つまり、ワンウェイ飲料容器は政策の意図どおりには減っていない。ただし、強制デポジット導入後、デポジット対象のワンウェイ容器が街中に散乱することは無くなった。